AULA DE INGLÊS

LYGIA BOJUNGA

AULA DE INGLÊS

2ª Edição

Rio de Janeiro

2022

Copyright 2006 © Lygia Bojunga

Todos os direitos reservados à
Editora **CASA LYGIA BOJUNGA LTDA.**
Rua Eliseu Visconti, 415/421/425 - Santa Teresa - 20251-250
Rio de Janeiro - RJ
Tel.: (21) 96785 - 2738
e-mail: lbojunga@casalygiabojunga.com.br
www.casalygiabojunga.com.br

Printed in Brazil/Impresso no Brasil

Nenhuma parte desta obra pode ser apropriada e estocada em
sistema de banco de dados ou processo similar, em qualquer forma
ou meio, sem a permissão da detentora do *copyright*.

Projeto Gráfico: Lygia Bojunga
Assistente Editorial: Ninfa Parreiras
Administração: Paulo Cesar Cabral
Ilustração da Capa: Regina Yolanda (arquivo Casa Lygia Bojunga)
Foto da Orelha: Peter (arquivo Casa Lygia Bojunga)
Produtor Gráfico: Roberto Gentile
Revisão: José Tedin

CIP - Brasil. Catalogação-na-fonte
Sindicato Nacional dos Editores de Livros, RJ.

	Bojunga, Lygia	
B67a	Aula de inglês / Lygia Bojunga; – 2. ed. – Rio de Janeiro:	
2.ed.	Casa Lygia Bojunga, 2022	
	220p. il. : 19 cm	
	ISBN 85-89020-19-3	
	I. Literatura brasileira. I. Título.	
06-1091.		CDD 028.5
		CDU 087.5

Pra Peter,
in memoriam.

PRIMEIRA PARTE

Aprendendo um novo idioma

— Ah, então hoje é o dia do seu aniversário.

— Pois é, dezenove anos, imagina.

— E por que que você não quer que eu fale inglês no dia do seu aniversário?

— Porque eu tenho que prestar atenção pra entender o que o senhor diz e... ah, sei lá! eu hoje não tô a fim de fazer força.

— Você podia ter telefonado dizendo que não queria essa aula.

— Mas eu queria!

— ?

— Vir aqui.

— Bem, neste caso... feliz aniversário, Teresa Cristina.

— Obrigada, professor.

"Que interessante esse ângulo. Ela assim de perfil olhando a chuva lá fora. A cabeça ficou tão bem emoldurada no quadrado da janela. Ia ser uma foto perfeita. Preto e branco. Até o suéter cinzento que ela resolveu botar hoje..."

— Que dia horrível, não é, professor?

— Horrível por quê?

— Ah, essa chuva! Essa chuva que não para.

— Pensa só na alegria de tudo que é planta, de tudo que é árvore, debaixo desse chuveiro gostoso que elas tão tomando.

— Hmm...

— É minha imaginação? ou os dezenove anos não estão deixando você lá muito eufórica?

— Eufórica? Imagina. Eufórica. Hmm!

"Que coisa impressionante! Quantas vezes a expressão dela mudou desde que ela sentou aí. Um pedacinho à toa de tempo, mas um filme todo não ia dar pra captar cada expressão. Estranho... entre cada expressão aparece sempre essa... É impressão minha?... ou é... é medo que aparece no olhar dela?... É, é medo, sim."

— Quando eu fiz dezenove anos, sabe, Teresa Cristina, eu me senti todo-poderoso.

— Ah, é?

— Minha vó tinha morrido dois anos antes e tinha deixado um dinheirinho investido pra eu receber no dia dos meus dezenove anos. Deixou também uma carta dizendo: espero que, com essa idade, você já tenha aprendido que dinheiro não é fácil de ganhar; portanto, faça bom uso dele. O resto da carta (ela adorava escrever carta) era um hino de amor aos dezenove anos. Obviamente, ela tinha sido muito feliz nessa época da vida. Contava que o grande amor da vida dela tinha acontecido aos dezenove anos; contava das mil coisas que ela fazia então. E dizia: nessa idade a gente tem tempo, meu querido, e isso quer dizer: a gente tem poder. Me lembro que ela escreveu *poder* com letra grande. —

Teresa Cristina olhou pro Professor e ele fez que sim com a cabeça: — *Poder*, Teresa Cristina.

— Eu sei, professor. — A cara pegou um feitio brincalhão. — Mas ter PODER, assim com letra grande, também é perigoso, não é não?

O Professor olhou pras folhas se sacudindo no vento;* se sentiu meio emocionado: "O que será que ela quer dizer com isso?" Esperou pra ver o que que ela ia falar. Mas ela não disse mais nada.

— Sabe que até hoje eu sinto uma sensação engraçada quando me chamam de professor?

— Ué! por quê?

— Eu nunca *escolhi* ser professor; eu nunca me *pensei* professor. Eu comecei a dar aulas de inglês porque não estava mais conseguindo viver de fotografia.

---

* Ele mora num terceiro andar, mas a amendoeira que mora na rua andou esticando tanto os braços, que tem sempre um deles brincando na janela do Professor.

Aula de Inglês 15

— Difícil viver de fazer fotos, não é?

— Quando eu tinha dezenove anos era pior. Mas eu estava me sentindo todo-poderoso com a minha pequena-grande herança. Comprei meu estúdio, duas câmeras, quatro lentes da melhor qualidade, um monte de filmes, e saí por aí fazendo fotos. Perseguindo o meu sonho de ser um grande retratista (é foto de gente que me fascina, olho, cabelo, boca, mão...) até o dinheiro acabar.

— Acaba rapidinho, não é?

— Muito. — Suspirou. — Quando acabou, o sonho acabou também.

Teresa Cristina fincou o cotovelo na mesa, descansou a cara na mão:

— E o que que a gente faz quando o sonho acaba?

"Ah, mas que cara tão expressiva que ela tem! Olha só, agora tá parecendo uma criança. É a primeira vez que ela inclina a cabeça assim. Se eu recuo um pouco, a câmera pega a mão também. Interessante: a mão parece nervosa, mas o rosto, não."

— A gente parte pra perseguir outro sonho; sem sonhar é que a gente não pode ficar. Então eu comecei a sonhar ser escritor. Sempre gostei de histórias, sempre gostei de escrever cartas...

— Veio junto na herança da vó...

— É... e sempre gostei de ficar imaginando gente... — Riu. — Mas não demorou muito e descobri que eu gostava era de *imaginar* tudo que eu ia escrever. Quando começava a escrever eu ficava cansado, impaciente; acabava rasgando tudo. No fundo, era um sonho substituto, não é? a minha paixão mesmo sempre foi a fotografia. Então, eu comecei a traduzir o que os outros, os que conseguem acabar as histórias, escrevem: me tornei tradutor de inglês. E, mais tarde, professor: o que eu ganhava com as traduções continuava não dando pra viver.

— O meu pai contou que o senhor aprendeu inglês quando era garoto.

— Foi.

— Com uma tia inglesa, não é?

Aula de Inglês   *17*

— Escocesa. A tia Penny. Ela casou com um irmão da minha mãe. Ele tinha ido fazer um curso de aperfeiçoamento em Glasgow, conheceu a tia Penny, se apaixonaram, casaram. Mas aí ele morreu num acidente. Tempos depois ela escreveu dizendo que tinha muita vontade de conhecer a terra do ex-marido: eles tinham sido tão felizes! Perguntava se podia passar uns dias com a gente. E foi só chegar que se apaixonou pelo Rio e pelo sol. Em vez de uns dias ficou mais de um ano. Logo aprendeu português: achou o português uma língua belíssima.

— Português?

— Você não acha, não?

— Sabe que eu nunca tinha pensado se ela é bonita ou não?

— Pois pense. E das mil particularidades pra pensar comece pensando nos *inhos*.

— Índios?

— Inhos: os diminutivos. Preste atenção nas gracinhas que eles são. Mas a tia Penny não falava português comigo, não. Só falava inglês. Eu era um garoto, volta e meia reclamava, dizia, como você disse hoje, não tô com vontade de fazer força pra entender! Mas ela era dura: se eu não respondia em inglês, ela não deixava eu tomar chá com ela. Terror! não tinha castigo pior. Ela fazia uns *cakes* divinos, que a gente comia com a *marmelade*, feita por ela também...

— A primeira vez que o senhor falou em *marmelade* eu achei que era marmelada, lembra?

— Lembro. — "Ah! até que enfim a cara dela se abriu." — Mas a tia Penny também batia manteiga em casa pra gente comer com uns *scones* sen-sa-ci-o-nais que ela fabricava; e, fora disso, ela fazia um pão que eu nunca mais comi igual. E o cheiro que tomava conta da casa quando a tia Penny ia pra cozinha produzir aquelas maravilhas! Só pra sentir aquele cheiro eu já começava a desenrolar um inglês meio... Você está rindo por quê?

— Da sua cara! Seu olho tá até pingando lágrima.

— Quando eu penso nos chás da tia Penny (torrada também: nunca mais comi igual), fico de

Aula de Inglês

boca tão cheia d'água que sai pelo ladrão, quer dizer, pelo olho...

— Hmm... quem sabe o olho tá pingando é de saudade dela?

— Também.

— Mesmo assim? ela sendo tão dura com o senhor?

— Pois é. Mas às vezes eu me vingava dela: comia *toast*, comia *cake*, comia *scone* até não poder mais, e aí começava a falar na minha língua. Sabe o que que ela fazia? Me aplicava castigo dobrado. Sim, porque o talento da tia Penny não era só pro fogão: ela era também uma contadora maravilhosa das histórias aprendidas na Escócia: monstros que moravam nos lagos; reis e rainhas que disputavam poder; feiticeiras que apareciam quando o nevoeiro baixava nos campos... Então, se eu falava com ela em português (depois de ter limpado a mesa do chá), ela dobrava o castigo: passava uma semana sem contar as histórias que eu adorava ouvir.

— Uma semana?!

— Inteirinha. Já pensou?

— Que dura que ela era!

— É. Mas adorável também... — "Quem sabe eu conto o resto pra ela?" E pensando se contava ou não pra Teresa Cristina tudo que a tia Penny tinha sido pra ele, foi concluindo devagar: — Então, foi assim que, misturando monstros, castelos, torradas e bolos, eu acabei só falando em inglês com ela. E gostando da língua. Me lembro que quando eu reclamava ela dizia: um dia você vai me agradecer. Agradeci: o inglês da tia Penny me tirou do sufoco financeiro em que eu andava. Melhor ainda: me fez sentir o gosto de ensinar. É por isso que eu acho engraçada a sensação que eu sinto quando me chamam de professor: uma mistura de surpresa, de prazer, mas de encabulamento também... "Que interessante esse feixe de luz que pegou justo o cabelo dela. Ia ser outra foto perfeita. Engraçado... a risada que ela riu há pouco se apagou tão devagar do rosto, que ainda tem um resto de riso na boca... Combina tão bem com essa impressão de que o sol vai aparecer... Mas o fim do riso só ficou na boca, o olhar já está outra vez distante...”

— Penny. Que nome gostoso, não é, professor? Muito melhor que Teresa Cristina. Eu sempre achei o meu nome assim meio... sei lá, meio pomposo. E parece que cada ano que eu fico mais velha ele fica mais pomposo. Não precisa rir, não: eu sei que ainda não sou velha. Mas também eu já não sou *tão* moça assim. Penny. Gracinha.

— Começaram a chamar ela assim desde pequena. E pegou.

— Por quê? o nome dela não era Penny?

— Penny é uma abreviação carinhosa de Penélope.

Teresa Cristina se levantou rápido, foi pra janela e encostou a testa no vidro. Ficou ali. O Professor se inquietou: e agora? o que que ela estava sentindo? será que ele tinha dito alguma coisa que ela não tinha gostado? Quis falar, levantar, perguntar. Mas se conteve. Ficaram em silêncio.

Devagarinho, o pensamento do Professor foi voltando pra tia Penny.

— Mas que garoto simpático! — a tia Penny falou (em inglês, naturalmente) quando ele se ofereceu pra carregar a mala. E depois disse bem baixinho, meu deus, que calor.

Quando a mãe apontou a tia Penny lá no aeroporto (olha, aquela deve ser a tia Penny), ele nem acreditou: será possível que uma mulher vindo lá-não-sei-de-onde, e ainda por cima sendo tia dele, podia ser *assim?*

— Assim como? — a mãe perguntou no outro dia, quando ele segredou pra ela que tinha achado a tia Penny tão lindamente assim.

— Assim feito ela é. — E os dois olharam pra tia Penny, que estava toda entregue ao sol lá na varanda. E aí ele disse: — Eu queria uma máquina fotográfica pra tirar uma foto da tia Penny assim. Você me dá?

— No teu aniversário eu dou.

Aula de Inglês

E deu. A primeira foto que ele fez foi um retrato da tia Penny. Ela nem viu: estava tão distraída na praia, olhando pra tudo e pra todos, que ele ficou um tempão procurando o melhor ângulo. O cabelo da tia Penny tinha um tom avermelhado que deixava ele fascinado e que agora, espiando na lente pra enquadrar a tia Penny com arte, ele via que, mesmo contido numa trança displicente que quando já ia acabando se amarrava numa fita amarela, volta e meia um pedacinho do cabelo se soltava pra esvoaçar. O pai tinha dito: a Penny tem um perfil grego. E vendo a tia Penny na lente ele se perguntava: por que que o perfil dela é grego? será que tudo que é grego tem um perfil assim? Foi chegando mais pra perto. A tia Penny levantou a mão querendo tirar da frente do olho o cabelo que esvoaçava. Mas continuava tão distraída, que se esqueceu de desmanchar o gesto. E a mão ficou parada no ar, mal prendendo o cabelo entre o indicador e o polegar.

Desde que a tia Penny tinha chegado o Professor alimentava o desejo de ficar um tempo imenso olhando só pra ela. Mas cada vez que o pai, a mãe, a irmã ou a tia Penny olhavam pra ele, ele tinha que desolhar depressa pra ninguém ficar achando que ele olhava ela demais. Ah! que maravilha essa agora: de olho ausente da tia Penny, ter ela tão presente pra olhar. Focou a atenção na mão da tia Penny; chegou ainda mais pra perto; dava pra ver direitinho o caminho que a veia azul fazia na pele (que branca que é!); cada dedo tinha se arrumado de um jeito, feito fazendo pose pra foto que ele ia bater. Achou que parecia mais dedo de criança que de mulher. Unha cortada rente, sem esmalte nenhum. E, de tão interessado que ficou na mão, chegou ainda uma vez mais pra perto. O movimento fez a tia Penny virar a cabeça depressa, e o dedo, todo nervoso, clique! apertou o botão.

Todo mundo se encantou na foto; o pai até falou, esse menino vai ser um grande fotógrafo! E a mãe disse, essa foto devia ser ampliada. Foi. Ele mesmo pagou a ampliação com a mesada (deste tamanhinho) que ganhava; e pediu pra embrulhar pra presente. Embrulharam a foto num papel de seda verde; e já iam passando uma fita branca quando ele perguntou: não

Aula de Inglês 25

tem amarela, não? Na hora ele estava pensando em combinar a fita do presente com a fita que amarrava a trança da tia Penny, mas voltou pra casa olhando o embrulho e só aí se deu conta de que o presente tinha ficado bem brasileiro (será que ela já sacou que a cor da gente é verde e amarelo?). Quem sabe ele falava isso pra ela numa dedicatória atrás da foto? Sim, porque ele não ia dar a foto sem dedicatória, ia?

Entrou em casa, foi direto pro quarto, fechou a porta e começou a rascunhar a dedicatória num pedaço de papel. Para a minha querida tia Penny... Mas a tia Penny não era dele. Então? Pra que aquele *minha* ali? Era melhor tirar o *minha*, não era não? Tirou. Para a querida tia Penny... Mas quem sabe era melhor tirar o querida também? Assim ninguém ia ficar sabendo que ela era querida, iam só achar que ela era a tia Penny e pronto. É. Riscou o querida. Para a tia Penny... E se ele arriscava? e se ele tirava a tia? Hmm... mas aí todo mundo ia ficar sabendo que ele não queria a tia, só queria a Penny.

Penny.

Penny.

Penny.

Quanto mais ele repetia o nome, mais ele se apaixonava por ele. Que nome tão da idade dele! Não resistiu: riscou a tia. Para Penny... Parou emocionado quando viu a Penny sem a tia no papel. Quem sabe ele olhava um pouco pra ela? Desembrulhou a foto com todo o cuidado. A emoção dobrou: agora ele podia ficar ali com ela até cansar.

Era a foto? Era a Penny?

Ele olhava e olhava pra foto.

Eram as duas. O primeiro grande amor tinha chegado, vestido de dois fascínios: a Mulher e a Fotografia.

Encostou a foto na parede; empurrou a cadeira pra trás; que coisa!

A idéia de se separar da foto doeu. Mas outra idéia curou logo a dor: fazer outra cópia da foto; fazer outra foto da Penny. Outra?! Que outra! *Outras!* E se imaginou fazendo fotos e mais fotos: a Penny assim, a Penny assado, a Penny de vestido, a Penny sem, a

Aula de Inglês　　　27

Penny de roupa de banho, a Penny de... E, de repente, se sentiu tão sem dúvida nenhuma de que um dia ele ia ser um grande fotógrafo e de que um dia a Penny ia olhar pra ele de um jeito bem diferente do que ela olhava agora, que, sem mais nenhuma hesitação, virou a foto e escreveu: para a tia Penny, uma lembrança do Brasil e do seu aluno. E botou outra vez a foto no verde e amarelo. Estava confiante que, mais ano, menos ano, o *tia* ia virar *querida*. De momento achou que bastava o *seu* aluno.*

------

* Quando a tia Penny começou a aprender português, ela foi logo se encantando com certas palavras; e, quando descobriu que *pupil* era aluno, passou a chamar o Professor de Aluno. Achou aluno uma palavra lindíssima, tão assim... como é que ela ia explicar? assim... sonora, musical... a-lu-no... Uma palavra colorida; é isso! colorida feito o Rio; tão mais bonita que *pupil*. A-lu-no. *My dear* Aluno. E daí pra frente só chamava o Professor de *my dear* Aluno. Então? ela não chamava ele de *my?* Chamava. Então ele tinha mais era que assinar *seu,* não tinha? Tinha.

Fazia um ano e três meses que a tia Penny tinha chegado. O inglês do Professor agora era fluente. E o amor pela tia Penny fluía ainda mais. Foi aí que, numa sexta-feira-não-treze, aconteceu um catálogo de desastres. E durante muito tempo o Professor ia se lembrar dessa sexta-feira com a mesma sensação: tinha sido dose pra leão.

Era uma sexta-feira cinzenta, de cara meio sinistra, mas às vezes ainda ecoava um batuque: o carnaval tinha recém-acabado. E logo no café da manhã, com a cara mais tranquila do mundo, a tia Penny anuncia, primeiro, que vai se casar de novo, segundo, que vai voltar pra Grã-Bretanha.

A mãe, o pai e a irmã do Professor ficaram tão admirados! Mas o que que é isso?! A gente vai passar o carnaval fora e quando volta encontra essa reviravolta na vida da tia Penny? E quando é que tinha acontecido esse noivado? No desfile de escola de samba? Mas como? o noivo estava desfilando? Ah, estava sentado ao lado dela na arquibancada. O quê! Um dinamarquês que veio ao Rio ver o carnaval e

Aula de Inglês 29

tomar sol? Mas ela entendia o que ele dizia? Ah, ele falava inglês, tá. Amor à primeira vista, é? Imagina! Mas não era afobação resolver um assunto sério feito casamento assim? Assim: durante um carnaval. Ela já tinha pensado bem? era amor mesmo? Será que não era uma daquelas coisas? Aquelas coisas de carnaval. Não? Ah... não.

A tia Penny jogava a cabeça pra trás e ria, e volta e meia repetia, paixão! paixão! paixão! Porque paixão era outra palavra que ela achava lindíssima. E o Professor, que tinha se levantado num susto ao ouvir o primeiro desastre, ficou ali fincado no chão, querendo entender o grande mistério: se ele tinha se apaixonado pela tia Penny, POR QUE que ela se apaixonava por outro?? Mas a essas alturas a tia Penny já estava anunciando o segundo desastre: o dinamarquês tinha providenciado duas passagens e eles embarcavam de noite de volta pra Europa.

O Professor foi saindo de mansinho pra ninguém perceber o que ele estava sentindo. Mas o telefone tocou e a mãe pediu, atende aí, meu filho. E do outro lado da linha uma voz de homem pediu, em inglês, pra falar com a Penélope. Mesmo assim traumatizado o Professor logo respondeu que não morava nenhuma Penélope lá. Mas a tia Penny já vinha correndo, sou eu! sou eu!

O Professor estava tão perplexo, que durante um momento se esqueceu dos dois desastres e foi logo cochichar pra mãe:

— O cara queria falar com uma Penélope.

— Meu filho, a tia Penny *é* Penélope.

— É Penélope de que jeito, mãe?

— Mas então até hoje você não sabe que Penny é uma abreviação, um diminutivo de Penélope?

— Mas... mas nunca vocês chamaram ela de Penélope! Nem vocês nem ninguém!

— Bom, isso é mesmo, pra nós ela foi sempre Penny.

A perplexidade do Professor foi ficando com cara de revolta:

— Mas ela também! ela também!

— Ela também o que, meu filho?

Aula de Inglês 31

— Ela também nunca me disse que ela é Penélope!

— Mas você algum dia perguntou?

— Por que que eu ia perguntar? Ninguém tem dois nomes.

— Penny é um apelido, meu filho.

— Mas ninguém me avisou.

— Avisar pra quê?

— Pr'eu ficar sabendo. Todo mundo sabia, menos eu.

— Psiu! fala baixo. E por que que você tá assim tão agitado? que importância que isso tem?

— Tem, tem!! Olha esse cara aí que tá telefonando: mal se conhecem e ele já sabe que ela é Penélope; eu conheço ela há muito mais de um ano e não sabia que ela tem um nome assim tão... tão... tão proparoxítono! — Sentiu a voz se quebrar no oxítono. Num súbito pânico de não saber segurar o choro que já vinha vindo, o Professor correu pro quarto e fechou a porta. Respirou fundo. A mão secou depressa uma lágrima que tinha rolado. Quem sabe a mãe já estava comentando com a tia Penny a reação dele? E agora, como é que ele ia olhar no olho dela? sabendo que ela ia embora de noite com um cara que, desde o princípio, ficou sabendo que ela era Penélope? Era só ela chegar perto dele que ele desmontava todo. Respirou fundo de novo, pegou a máquina fotográfica e saiu, anunciando que ia pra escola. Mas não foi. Foi andar à toa. Tinha lido uma entrevista de um fotógrafo famoso: a câmera era a melhor companheira dele; saíam sempre juntos e era através dela que ele via o mundo; as grandes fotos dele não tinham sido programadas: ele saía andando sem rumo e, de repente, ele sentia que uma cena qualquer estava "pedindo para ser fotografada"; aí começava o que ele chamava de encantamento: o enquadramento: como é que ele ia enquadrar a cena? ela toda? pela metade? só sugerida? mais sombria? mais iluminada?

Mas agora tudo pesava no Professor. Até mesmo a entrevista com o tal fotógrafo. Quantas fotos ele tinha batido até ficar famoso? Milhares e milhares, foi a resposta. E o Professor se sentia cada

Aula de Inglês

33

vez mais derrotado: como é que ele ia poder fazer milhares e milhares de fotos? Filme não era barato, revelação também, e o pai tinha avisado: a máquina já custou caro, não pensa agora que eu vou começar a pagar filme e revelação a toda hora. Então o filme tinha que durar bastante e, como a vida em casa estava ficando cada vez mais apertada, o Professor economizava filme; mas, puxa vida! *hoje* ele não ia economizar coisa nenhuma. Ela não ia embora? Ela não tinha se apaixonado por outro? Ela não tinha passado mais de um ano sem avisar pra ele que ela era Penélope? E ainda por cima ele tinha que economizar foto? Ah, pro inferno!

Ia andando sem nem saber pra onde ia, só sabia que ia ser um grande fotógrafo; e a câmera também: ia ser a grande companheira da vida dele. Pra confessar o amor dele pela Penélope (e nem se apercebeu que já tinha começado a pensar nela como Penélope) ainda tinha que esperar muitos anos. Ele era criança mas não era bobo: sabia muito bem que gente grande só leva a sério esse negócio de amor se o outro é grande também. Mas com a câmera ele não tinha que esperar coisa nenhuma; então todo mundo não dizia que as fotos que ele fazia eram esplêndidas? Então, pronto, agora ela vira a minha companheira e a Penélope que se dane!

Chegou na praia; tirou os tênis; amarrou um pé no outro e pendurou eles no ombro. Foi andando pro mar. Pisando forte na areia firme onde a onda vinha bater. Remoendo a dor dos três desastres. Nem sentindo o mar respingar todo. De repente, viu um caranguejo. Grande como nunca tinha visto. A onda chegava, o caranguejo fugia. A onda recuava, o caranguejo voltava. Nossa! quantos pés. Chegou mais pra perto pra contar, já preparando na cabeça o enquadramento ideal (quem sabe ele começava a fazer foto de bicho em vez de gente?). Vendo através da lente, ainda dava mais vontade de fotografar o caranguejo. O Professor foi se abaixando, enquadrando, caprichando pra clicar. Uma onda enorme se formou. E justo na hora do clique a onda avançou e chicoteou as costas do Professor. O impacto foi tão grande, que jogou ele de cabeça no chão; a câmera foi pra um lado, os tênis pra outro, o caranguejo sumiu. A água foi recuando e puxando o Professor. Ainda tonto da chibatada, ele teve que usar toda a força que tinha pra não ir junto com a água que retornava ao mar; conseguiu sair de dentro d'água; deu dois, três passos, feito bêbado; procurou em volta: cadê?! A onda tinha engolido tênis, câmera, caranguejo, tudo!

O desespero do Professor foi tão grande que ele correu de novo pro mar. A câmera na certa estava por perto, ele tinha que achar!

— Ei, garoto! ei! — o guarda-vidas gritou da praia. — Sai de dentro d'água! não tá vendo a bandeira vermelha?!

Mas ele mergulhou, abriu o olho, quem sabe enxergava a câmera lá debaixo d'água? Outra onda estourou empurrando o Professor, aos trambolhões, pra beira da praia; mas antes que a correnteza puxasse ele de volta, um braço forte agarrou firme o Professor e carregou ele pra fora do mar.

— Se eu não tô de olho, o mar te levava, hein?

O Professor tinha engolido muita água. Tossia, resfolegava, acabou conseguindo falar:

— Ele levou! ele levou a minha máquina de tirar retrato, eu tenho que procurar ela!

— Não vai procurar coisa nenhuma! olha pro teu tamanho! olha pro tamanho dessas ondas! não dá pra ver que elas também vão te engolir num instante?

Foi só aí que o Professor olhou pras ondas e viu que a sexta-feira devia também ter maltratado o mar, pra deixar ele assim tão zangado...

— Mas a minha câmera...

— Era pequena?

— Ela é assim, ó. — Não tirava o olho da água. — O mar tem que trazer ela de volta. Eu vou esperar.

— É... às vezes acontece dele trazer de volta o que leva. Mas olha, daqui a pouco eu vou m'embora: se a onda te leva de novo eu não tô aqui pra te salvar.

— Pode deixar, eu não entro mais no mar. Mas eu vou esperar.

Esperou. O olho preso no vaivém da água.
A chuva começando a cair; o tempo passando; a
angústia apertando, tinha que avisar em casa que não
podia voltar porque estava esperando. Mas a
qualquer instante a máquina podia aparecer e ele
tinha que voar pra pegar ela.

Mais tarde a chuva apertou. A angústia
também (ou era fome?). Não tinha mais ninguém
na praia. Que sozinho que o Professor se sentiu!

O cansaço acabou vencendo: o Professor
voltou pra casa. Ensopado. Pé no chão. Mão vazia.

A mãe estava num alvoroço:

— Quatro horas da tarde, menino! O que que
aconteceu? Que que é isso? você tá todo molhado!
e cadê os sapatos? e que cara é essa? onde é que você
tava? onde é que você andou esse tempo todo?
você comeu? almoçou?

O Professor fez que não.

— A Penny não foi almoçar com o noivo pra
almoçar aqui com a gente; ela fazia questão desse
almoço de despedida com você.

— Cadê ela? — ele perguntou fraquinho.

— Foi pro Pão de Açúcar; saiu há pouco. O noivo não quer ir embora sem conhecer o Pão de Açúcar. Mas já deixou a mala pronta pra gente levar pro aeroporto; ela vai direto pra lá. Mas, conta! onde é que você andava?

O Professor, exausto, contou o "passeio" na praia.

— Ah, meu filho, na certa a gente agora não vai poder te dar outra câmera daquelas.

— Eu sei.

— Vai tirar essa roupa; vem comer.

— Eu quero dormir, tô cansado.

— A tia Penny faz questão absoluta de que você vá ao aeroporto. Ela quer te dar um abraço.

Sem dizer mais nada, o Professor tomou um banho quente e foi direto pra cama. Puxou o lençol pra cabeça e ficou quieto lá embaixo, remoendo tudo que tinha acontecido, a toda hora lembrando a última frase da mãe: ela quer te dar um abraço, ela quer te dar um abraço, um abraço.

O que que ele ia fazer na hora dela abraçar ele?

Recebia o abraço? quer dizer, abraçava ela também?

Não! ia ficar de braço caído, não ia pegar o abraço que ela queria dar.

Mas... quem sabe ele pegava só um pouco?

Não.

Só de leve.

Não!

Só pra não ficar parecendo que ele estava com raiva dela.

Bom...

Mas ele ainda estava com raiva dela?

Claro! um ano e pouco sem contar pra ele que ela era Penélope...

Vai ver ela era feito ele: gostava mais de Penny que de Penélope.

Mas então por que que, de cara, ela tinha dito pro cara que ela era Penélope??

Porque Penélope era um nome muito impressionante, então não era?

Era.

Então? ela quis impressionar o cara.

Mas ela não tava ligando a mínima de ir embora assim... assim, às carreiras, me deixando pra trás.

Mas ela tinha se apaixonado, ué!

Que nem eu! que nem eu!

Mas você contou pra ela?

Primeiro eu tenho que ser grande, não é?

Então? se você não contou nada pra ela, como é que ela vai imaginar tudo que você tá sofrendo? Ou você vai e conta ou você desculpa ela.

Não desculpo.

Então conta.

Não posso: ela tá lá no Pão de Açúcar.

Quando ela voltar.

Não vai dar: ela vai direto pro aeroporto, vai ter uma porção de gente perto.

E, naquela coisa de conta-não-conta-perdoa-não-perdoa, o Professor foi ficando cada vez mais cansado e lá pelas tantas não aguentou mais: desligou: dormiu. Um sono curto e agitado. Mas,

Aula de Inglês

mesmo assim, um abraço entrou no sonho. Um abraço do tamanho do Professor, vestindo o mesmo blusão azul de zíper que ele tinha resolvido usar pra ir ao aeroporto se despedir da tia Penny. O Abraço segredou pro Professor:

— Não vai precisar falar, não vai precisar olhar no olho dela; é só me dar pra ela e pronto: ela vai ficar sabendo de tudo que você quis dizer e não disse.

O Professor falou também num tom de segredo:

— Você jura que diz tudo pra ela?

— Juro, juro.

— Que eu desculpo ela ser Penélope?

O Abraço fez que sim.

— Que eu desculpo ela ter se apaixonado por esse gringo que apareceu aí?

Que sim.

— Que eu desculpo ela ir embora?

Que sim, que sim.

— E você vai dizer eu te amo pra ela?

— Vou.

— Mas vai dizer com força, promete?

— Prometo.

— E vai dizer também que eu espero que esse marido dela morra depressa, que nem o primeiro já morreu?

— Digo.

— E diz também que, do jeito que eu tô crescendo rápido, não vai demorar pra eu ficar da altura dela?

— Tá.

— Mas será que dá mesmo pra dizer tudo isso?

— Dá: eu abraço ela com força.

O Professor acordou ouvindo a mãe dizer da porta: te arruma rapidinho que a gente já está indo pro aeroporto. Levantou num pulo. Vestiu o blusão azul com todo o cuidado. Puxou o zíper devagar. Se sentiu bem acompanhado e, pela primeira vez naquela sexta-feira, experimentou uma sensação boa, de alívio.

Ele se movia com cuidado, não queria tocar em ninguém (muito menos esbarrar): já pensou se o abraço que ele estava carregando pra dar pra ela se desmanchava no meio do caminho?

Chegaram no aeroporto, mas não viram a tia Penny nem nenhum dinamarquês com cara de que vai casar com a tia Penny.

O Professor sempre se movimentando com cuidado.

O tempo passando.

Nem sinal da tia Penny.

A família aflita.

Anunciaram a saída do vôo da tia Penny.

A família aflitíssima.

Chamaram a Penélope (ah! então a companhia de aviação *também* sabia que ela era Penélope) e mais um nome tão dinamarquês que ninguém entendeu.

Nada.

E quando a família já estava crente que a partida da tia Penny é esse tipo de coisa que a gente tem certeza de que vai acontecer mas não acontece, a tia Penny aparece correndo, ofegante, seguida de um presumível dinamarquês-tão-enorme-quanto-esbaforido-e-demaleta-em-punho que, sem parar a corrida, arranca a mala da tia Penny do chão; e os dois fazem um mergulho pro balcão e jogam uma explicação. Um funcionário empurra a tia Penny e mais o dinamarquês; mal dá tempo pra tia Penny acenar um adeus e gritar, eu escrevo! E pronto: tudo já sumido.

O Professor ficou parado. E o Abraço se encolhendo de leve, se encolhendo, se encolheu.

Durante um tempão ninguém soube mais da tia Penny. Até que um dia chegou um cartão-postal de Londres. Era dela. Contava, num português já totalmente deteriorado, que o casamento com o dinamarquês tinha sido um fracasso; que ela agora estava trabalhando em Londres e morava numa colina de onde tinha belas vistas da cidade. Dava o endereço; pedia que escrevessem, que dessem notícias.

Naquela coisa de "Ih! a gente tem que escrever pra tia Penny", "Ninguém escreveu pra tia

Penny, não?", "Alguém viu onde é que foi parar o cartão que a tia Penny mandou?", o tempo foi passando e acabou que ninguém escreveu pra tia Penny. Mesmo porque, quando o cartão chegou, o Professor já tinha passado a encarar aquele primeiro amor como "coisa de criança"...

A lembrança da tia Penny foi sumindo no enquadramento que, de repente, o Professor começou a fazer de Teresa Cristina, ali, de costas pra ele, a testa colada no vidro da janela. "Chuva escorrendo de Teresa Cristina", ele pensou. E pareceu satisfeito com o título escolhido pra foto mental. (Ele quer sempre dar nome pras fotos que imagina ou que faz.) Quando ela se virou, a cara estava mesmo molhada. Mas o Professor fingiu que estava lendo. Teresa Cristina pegou um lenço na bolsa; se assoou com força; sentou:

— Foi só ouvir esse nome que o medo voltou.
— Que nome?

— Penélope.

O Professor olhou surpreso pra ela.

— Desculpa, viu, professor, eu não sou de chorar na frente de ninguém. E muito menos chorar de medo, já pensou? Mas é isso aí: é medo mesmo que eu tô sentindo. Pra ser bem franca, tem horas que esse medo vira pânico. Acho que foi isso que me deu há pouco: um outro acesso de pânico. — Forçou uma risada. — Agora dei pra isso. — Meio que encolheu o ombro: — Deve ser porque tá chegando a hora.

— ?

— De ir m'embora.

O Professor sentiu o coração se encolher de susto.

— Embora?

Ela fez que sim.

— Embora pra onde?

— África. Moçambique.

De surpresa e susto misturados, o Professor ficou um tempo paralisado. Depois:

— Fazer o que lá, Teresa Cristina?

Aula de Inglês 47

— Ser a Penélope.

— Ser o quê?

— A Penélope. — Teresa Cristina deu uma risada, vendo a cara de total incompreensão do Professor. — Eu sei, professor, eu sei: não dá pra entender. Mas acho que depois desse tempo todo... — Franziu a testa. — Há quanto tempo mesmo que eu venho aqui tomar aula com o senhor?

E o Professor, lento:

— Terça-feira que vem faz um ano e dois meses.

— Nossa! como o tempo passa rápido, mas olha, anteontem eu me encontrei com uns gringos (tinha inglês, canadense e australiano) que trabalham na Ong que eu tô em contato, e sabe o que que eles falaram? Que o meu inglês é ótimo. Adorei! Fui logo dizendo que a culpa é de um professor ma-ra-vi-lho-so que eu tenho. — Riu.

O Professor continuou sério, aguardando. O riso se apagou do rosto de Teresa Cristina, mas no olhar surgiu uma expressão que poucas vezes o

Professor tinha visto: terna, muito terna. Teresa Cristina se inclinou e pegou a mão do Professor.

— Acho que já está mais do que na hora de dizer obrigada pro senhor.

A cara do Professor continuou a mesma, mas a mão não resistiu: se aconchegou na mão de Teresa Cristina.

— Aula de inglês muita gente dá, mas aula assim feito o senhor me deu esse tempo todo! puxa vida, foi sorte demais que eu tive. Quantas vezes eu cheguei aqui mal-humorada, distraída, apavorada, e o senhor sempre tão gentil, tão... sei lá! dedicado; parecia que nem percebia quando eu não prestava atenção. — Envolveu ainda mais a mão aninhada do Professor. — Sabia que eu nunca vi o senhor olhar pro relógio cuidando da hora da aula? Acho que se eu quisesse ficar aqui a tarde inteira o senhor era capaz de nem dizer nada e ir tocando a aula pra frente. Desse jeito, eu tinha mais é que aprender a falar inglês. — As palavras faziam crescer a onda de ternura que tinha invadido Teresa Cristina: agora era

Aula de Inglês

49

a outra mão que vinha reforçar o aconchego em torno da mão do Professor. — Ainda há pouco, quando me deu esse pânico que volta e meia anda me dando desde que eu resolvi que ia, e ia *mesmo,* eu já chorava aí na janela me lembrando de tudo que eu vou sentir falta, inclusive das aulas aqui com o senhor. Porque... e isso também eu preciso lhe dizer, viu, professor? porque, nesse tempo todo de aula de inglês que o senhor me deu, a gente acabou ficando amigo, não é? O senhor foi sempre um ouvinte tão legal pra tudo que é coisa que eu desabafei e besteira que eu falei aqui nas aulas. Um verdadeiro pai! Obrigadona, professor! — E, antes de libertar a mão do Professor, apertou ela mais uma vez com afeto.

O Professor se endireita na cadeira. Não consegue mais se concentrar em nenhum jogo fisionômico de Teresa Cristina; se esquece por completo de enquadrar ela nessa ou naquela foto. É todo ansiedade em torno das respostas que quer ter:

— Por quê?

— O quê?

— Você vai mesmo embora?

Teresa Cristina responde com um suspiro exagerado (meio a sério, meio brincalhona). Olha de rabo de olho pro Professor; faz que sim.

— Quando?

— Tô esperando eles me telefonarem pra confirmar a data, mas deve ser por estes dias.

— *Eles...?*

— A tal Ong que eu falei. Eles tão desenvolvendo vários projetos na África. Principalmente nas antigas colônias portuguesas. Precisam de gente de fala portuguesa pra trabalhar nos projetos. Disseram que, por lá, muitas vezes brasileiro é mais bem-vindo que português...

— Eu não sabia desse seu interesse por projetos sociais.

— Pois é...

— Quer dizer, eu sempre notei e sempre apreciei a sua preocupação, até mesmo a sua revolta, por toda essa injustiça social que vai por aí. Mas nunca imaginei que... de repente, você quisesse abandonar a sua vida aqui no Rio pra... se embrenhar... — o Professor começa a falar cada vez mais devagar querendo dar à voz um tom tranquilo, e mesmo impessoal, ao que está dizendo — ...assim... num projeto... que projeto é mesmo?

— Formação de cooperativas agrícolas.

Se olham.

De repente Teresa Cristina começa a rir.

— O senhor deve estar pensando o que que cooperativa agrícola tem a ver comigo, não é, professor?

— Também. Mas primeiro eu gostaria de saber o que que a Penélope tem a ver com isso.

— Mas não é a *sua* Penélope que tem a ver, é a *minha*.

— ?

— Quer dizer, não é a tia Penny. Quando eu falei Penélope eu estava pensando na *outra* Penélope.

— Qual?

Teresa Cristina, de repente, parece preocupadíssima com uma pelezinha que cresceu junto da unha do polegar. Tenta arrancar ela com o dente. Pela cara que faz, deve ter doído. Começa então a empurrar ela com a unha do indicador. Parece estar tendo sucesso. Mas o celular na bolsa toca. E dói no Professor a ligeireza com que ela pula da cadeira, abre a bolsa e se agarra no celular...

— Alô! *Oh, yes, yes...*

...e dói também a naturalidade com que ela vai logo respondendo na língua que "eu, eu, *eu!* ensinei pra ela". Acha que tem que aparentar indiferença. Se levanta e vai na cozinha beber água. Quando segura o copo, vê que a mão está tremendo. A voz de Teresa Cristina concorda, se desmancha num riso, concorda de novo, pergunta quando, a que horas, onde, e se torna cada vez mais risonha. O Professor vai se virando; vê Teresa Cristina enquadrada na porta; se imagina com a câmera na mão, a lente focando a nova expressão fisionômica, o nome da foto sendo procurado e logo achado: "A alegria e Teresa Cristina", e, em seguida, corrigido com tristeza: "A alegria *é* Teresa Cristina."

Aula de Inglês 53

— Professor! Professor! — E Teresa Cristina já está junto dele, e o celular já está na bolsa, e a bolsa já se pendurou no ombro, e já é um abraço amigo que o Professor recebe, e já é Teresa Cristina exclamando: — Que presentão, puxa! que maravilha de notícia. Calhou direitinho com o meu aniversário! Tá tudo confirmado, professor. Embarco já no domingo. Primeiro vou pra Londres, imagina só! Curso relâmpago de comunidade agrícola; depois sigo pra Moçambique. — Abraça outra vez o Professor. — Já pensou que tremenda aventura? Caramba! agora que eu sei que eu vou mesmo passou medo, passou pânico, passou tudo. Em compensação, olha só como eu tô suando. Nervoso! tenho que tratar de papel, de um monte de coisas. Tchau! — Dá as costas, pega na mesa livro, caderno, caneta, enfia tudo na bolsa.

— Mas, Teresa Cristina, como é que...

— Eu falo com o senhor depois, pode deixar, eu falo. — Abre a porta pra sair.

O Professor, rápido, se bota na frente de Teresa Cristina:

— Mas você não pode ir embora assim! Eu não estou entendendo essa história! muito menos o que você disse de ir pra África ser a Penélope. O que que isso quer dizer?

— Calma, professor, não começa agora a ficar nervoso também.

— Mas você me deixa...

— É que agora não dá pra gente conversar, mas eu vou contar tudinho pro senhor, pode deixar. Eu volto aqui. Telefono pra gente marcar, prometo. Tchau-tchau. — Desvia do Professor e despenca escada abaixo.

O Professor fecha a porta devagar. Vai até a janela olhar a rua. Nem sinal mais de Teresa Cristina. Continua chovendo. E o galho da amendoeira roçando o vidro. O Professor esfrega a testa devagar. Até apagar por completo a idéia de ir atrás de Teresa Cristina. Quando, afinal, se vira, o olho bate na capa de chuva vermelha, esquecida na cadeira; um braço, caído, mas o outro, meio dobrado, dando ao Professor a impressão de que se preparou pra um abraço. E pela segunda vez naquela tarde o Professor se lembra do blusão azul, de zíper, que conduziu o abraço que ele ia entregar pra tia Penny.

O Professor pega a câmera que está na estante e começa a enquadrar a capa esquecida. Que nome vai dar à foto? "Ausência de Teresa Cristina." Clique. Recua. Clique. Aproxima. Clique. Fica parado olhando pra capa. Não: vai ser "Abraço n.º 1, n.º 2 e n.º 3".

A tarde entrou na noite, a noite virou madrugada, a inquietação do Professor não sossegava, não deixava ele dormir. A idéia de Teresa Cristina ir s'embora doía e ele não conseguia se concentrar em nada que a tevê dizia, em coisa nenhuma que o olho lia no livro que ele insistia em ler. Levantava, ia pra sala, ia pra cozinha, voltava pra sala, parava a toda hora em frente da capa de chuva (quem sabe Teresa Cristina nem se lembrava que tinha esquecido a capa?...), ia até a janela espiar a rua (...quem sabe ela não ia se lembrar nem de telefonar, de voltar, de contar a história que ia contar quando o celular chamou?...), voltava pra frente da capa (...a presença dela reduzida a uma capa de chuva...). E ele ia ficar assim? Sem poder dizer pra ela tudo que há tantas aulas, tanto tempo, estava querendo dizer?

Sentou na cadeira que usava pra dar aula, perto do galho da amendoeira. O dia que se anunciava já deixava ver o brilho de cada folha. Durante um tempo grande o olho do Professor ficou preso no galho. Mas quando voltou pra mesa e deu com lápis, papel e caneta, tudo ainda espalhado pra aula que não chegou a acontecer, a mão do Professor não resistiu: puxou o papel, pegou a caneta e começou a desabafar pra Teresa Cristina tudo que vinha perturbando ele. Quando acabou de escrever a primeira folha, a mão amassou o papel, jogou ele longe, puxou outra folha:

Aula de Inglês

" Teresa Cristina

Comecei escrevendo em inglês, mas logo rasguei a carta: hoje quero falar com você usando tudo que é mais meu, e não há nada tão da gente quanto a língua que a gente tem.

O presente que você ganhou de aniversário, isto é, a sua próxima partida, me atormenta. Faz um ano e dois meses que a minha vida se apóia nas terças e quintas; e as terças e quintas são Teresa Cristina. Você indo, minha vida desaba, só fica o vazio.

Pensei desabafar esse vazio em imagens; pensei mandar para você umas fotos que andei fazendo: a marca que um quadro retirado deixou na parede; um quarto despido de móveis; um lápis sem ponta. Mas acabei achando tudo banal e me decidi por palavras.

Pensei muito num nome para dar à história que eu vou contar. Primeiro escolhi "Enquadramento". Depois "Encantamento". Mas permaneci na dúvida entre um nome e outro. Agora estou achando melhor que seja "Enquadramento *e* Encantamento", que nem você, que é Teresa e é Cristina numa só.

Você já conhece a minha paixão por fotografia, *essa* eu já revelei. E naquele dia em que conheci você fiquei tão encantado na mobilidade de seu rosto que comecei logo, mentalmente, a fazer fotos de você. Ainda bem que tinha gente em volta, você nem prestou atenção em mim. Fiquei quieto, num canto, enquadrando você de várias maneiras diferentes, conforme as expressões do seu rosto iam variando. Usei rolos e mais rolos de filme em você.

É bom ser um anônimo e saber aproveitar a liberdade que se tem quando ninguém presta atenção na gente. Aproveitei cada minuto daquela reunião social, lá, quieto e esquecido, só enquadrando você. E, quando ouvi você dizendo, preciso aprender inglês! urgente!, o meu encantamento já era tão grande que quando me dei conta já estava ao seu lado dizendo, eu posso dar aulas a você. Que espanto eu senti ao ouvir minha voz me oferecendo assim! E que alívio escutar seu pai dizendo, Teresa Cristina, deixa eu te

Aula de Inglês

apresentar a esse meu velho amigo, ele é um ótimo professor de inglês; e que susto! ouvir você perguntar sem a menor cerimônia, quanto é que o senhor cobra por aula? Gaguejei uma mentira e me alegrei com o seu espanto: só?!, mas que barato! ah, quero sim, quando é que a gente começa? E começamos.

Na primeira terça-feira eu ainda pensava que era só um encantamento de fotógrafo retratista que eu sentia por você.

Mas na quinta-feira eu desconfiei que não era só.

Na segunda terça-feira achei que era encantamento de professor também: era possível que você estivesse aprendendo inglês com tanta facilidade assim?

Na quinta-feira confirmei: era, sim.

Mas na terceira terça-feira me assustei: era possível que o encantamento fosse também...

Na quinta-feira não tive mais dúvidas: também. Você tinha se vestido num tecido de florzinha; no pé, uma sandália vermelha; e sua presença era tão jovem e colorida que custei a acreditar na sinceridade de suas preocupações por toda essa miséria, por toda essa injustiça social que continua prevalecendo no nosso país.

Mas, à medida que as terças e quintas se sucediam, a minha surpresa crescia ao sentir que, por trás da perfeição de seu rosto, de suas mãos, de seu corpo, pulsava uma emoção tão apaixonada quanto a revolta que você sente pela teima do Brasil não distribuir melhor sua fartura. Revolta que foi sempre um componente forte no encantamento que, já faz tempo, eu reconheço como o grande amor..."

Parou de escrever. O *grande amor* tinha afinal saído do esconderijo, e ver ele ali escrito no papel deixava o Professor aflito. Botava outra vez o amor pra dentro? Continuava só falando em encantamento? Levantou; começou a andar em volta da mesa. Sentiu vontade de contar pra Teresa Cristina que só aos onze anos ele tinha sentido essa emoção tão forte, tão colorida, que agora ele chamava de amor, e que durante esse enorme intervalo de vida os sentimentos dele tinham sido sempre cinzentos.

Aula de Inglês

Parou junto da janela querendo se lembrar onde Teresa Cristina tinha encostado a testa pra chorar. Encostou a testa na vidraça. Feito num sonho rápido, viu a vida dele passando na rua.*

---

* Breves dados cinzentos da vida do Professor:

Quando moço, namorou um pouco. Mas não chegou a lastimar o final de nenhum namoro.

Conforme já se sabe, quis viver da fotografia. Mas teve que viver lecionando.

Com trinta e cinco anos se sentiu sozinho. Casou; teve um filho. Não conseguiu se comunicar bem nem com ela nem com ele. Se separou. A mulher já andava de namoro com um norte-americano que quis levar ela e o filho pra América. Foram. O Professor não se sentiu infeliz.

Pelos anos afora experimentou encontros amorosos mais do que casos. Um assim. Outro assado. Mas nunca lamentou a falta de continuidade de nenhum.

Fora os três compartimentos fortemente iluminados (a Fotografia, a tia Penny e a Teresa Cristina), entrou muito pouca luz nas outras peças da vida do Professor.

Sentou de novo. Releu o último parágrafo. Resolveu não trocar amor por encantamento. A carta não era um desabafo? um momento de coragem? coragem de dar nome a essa emoção tão forte que tinha tomado conta da vida dele? Pegou a caneta e completou o parágrafo: "...o grande amor da minha vida.

Por favor, Teresa Cristina, não vá agora se espantar nem se constranger diante da declaração de amor que estou fazendo aqui. Saiba que esta emoção é uma dádiva, um sentimento que não quer reivindicar, só se dar..."

Largou a caneta; releu a frase e achou ela falsa; riscou. Foi pra cozinha fazer um café. Quando a água já ia fervendo concluiu que Teresa Cristina precisava saber de uma coisa importante. Desligou o gás e voltou pra carta:

"Eu próprio me espanto com o pulsar de vida que agora sinto em mim. Vivi mais de sessenta anos sem nunca ter experimentado um tesão semelhante..." Não, que que é isso?! ela tratava ele de senhor, ele não podia se expressar assim.

Aula de Inglês

Riscou forte o *tesão,* voltou pro *sem nunca ter experimentado:* "...tanta força, tanta energia fluindo do meu corpo, tamanha emoção se espalhando por todo o meu ser. E pensar que eu nunca teria descoberto esse meu imenso potencial sem você! Então, Teresa Cristina, saiba..." O Professor levou um susto com a campainha do telefone tocando. Olhou pro relógio. Surpreso, viu que já eram oito horas. Então, quantas horas ele tinha passado com Teresa Cristina? Atendeu o telefone e sentiu logo um alvoroço ao ouvir a voz dela:

— Acordei o senhor?

— Não, não, já estou de pé há muito tempo.

— É que ontem eu esqueci minha capa aí. Dá pra ir pegar?

— Claro.

— Não pára de chover, não é?

— Pois é.

— Então daqui a uma meia hora eu passo aí e tomo um café com o senhor, tá?

— Ótimo.

— Até já, então.

O coração do Professor batia acelerado. Mas meia hora não ia dar pra acabar a carta. Ainda tinha muita coisa que ele queria dizer. E tudo tinha que ser passado a limpo. Meia hora?! Então ele tinha mais é que tirar aquele pijama amarrotado, tomar um chuveiro, fazer a barba... Mas se ela vinha tomar café é porque não estava com pressa, vinha pra conversar... Mas então, quem sabe, ele dizia pra ela tudo que já tinha escrito e o que ainda ia escrever. Quem sabe ele... Claro! falar é sempre mais fácil do que escrever. E, de alvoroço já virando ansiedade, o Professor recolheu os papéis e foi acelerar a produção de uma boa imagem pra receber Teresa Cristina.

Teresa Cristina entrou e foi logo sentar na cadeira que usava pra aula. Abriu a bolsa e tirou um livro.

Aula de Inglês   65

— O senhor já leu este livro?

O Professor olhou pra capa e conferiu o título: *A prisioneira.*

— Não.

Teresa Cristina se abraçou com o livro:

— É demais, professor, é demais! Já reli tanto este livro, que sei ele de cor e salteado. Trouxe de presente de despedida pro senhor. — Meio que riu. — Botei dedicatória e tudo. Em inglês, viu? — Mas não se desabraçou do livro.

O *presente de despedida* doeu no Professor.

— O senhor conhece esse escritor, não conhece?

— Como é mesmo que ele se chama?

Em vez de mostrar o livro, Teresa Cristina apertou o abraço nele. E respondeu:

— Octavio Ignacio. — E se demorou no *ta* do Octavio e se demorou ainda mais no *na* do Ignacio; e quando acabou de pronunciar o nome apertou um lábio no outro, feito encabulada de ter deixado escapar tanto vagar de boca saboreando o Octavio e o Ignacio. E aí explicou depressa: — Ele escreve

Octavio com *c* e Ignacio com *g*. Octavio Ignacio. —
Encolheu o ombro: — Não sei por quê.

O Professor se perturbou: ele nunca tinha visto
um nome ser degustado assim.

— O senhor algum dia se apaixonou
perdidamente por algum livro?

Ele demorou um pouco pra responder:

— N... ão. Gostei bastante de muitos, mas não
me lembro de ter me *apaixonado* por nenhum. Ainda
mais *perdidamente*.

— Pois olha, professor, este livro aqui mexeu
comigo de um jeito que o senhor nem imagina.
Mudou minha vida. E agora ainda vai mudar mais.
Quando eu acabei de ler eu não podia nem
acreditar: parecia que esse escritor me conhecia a
fundo. — Engoliu em seco. — Eu me identifiquei
tanto com a *Prisioneira*, que eu pensei: não é
possível que esse escritor me conheça tão bem
assim! É claro que eu já sabia que um livro pode
modificar a vida de uma pessoa, e que a relação de
quem escreve e de quem lê pode ser mágica. Mas

eu nunca pensei que isso ia acontecer comigo — e engoliu outra vez em seco.

A perturbação do Professor se complicou: era o livro ou o autor que fazia ela salivar assim? Se ajeitou na cadeira. Mesmo se deparando com novas expressões fisionômicas, ele não conseguia enquadrar Teresa Cristina em nenhuma foto mental, de tanto que já estava se inquietando com aquela história da *Prisioneira*.

— Mas aconteceu, professor. Aí eu pensei, quem sabe se eu leio o livro de novo eu não vou mais me achar tão... tão *Prisioneira*. Quer dizer, tão igual a ela. Li. Não mudou nada: me achei, completamente, personagem deste livro. E aí aconteceu uma coisa incrível: quando acabei o livro pela segunda vez eu tava me sentindo tão... tão, sei lá! que liguei a televisão pra ver se me distraía um pouco. Já era meio tarde. E tava acontecendo uma entrevista. Com ele, professor, com ele! Com o Octavio Ignacio!! Quando eu vi que era ele, eu quase tive um troço. Ele tava contando, assim com aquele jeito meio... meio...

— e Teresa Cristina ficou um instante meio esquecida, o abraço no livro meio amolecido, o olho meio que fechando — aquele jeito que, volta e meia, fica parecendo que é um jeito meio cínico, ele tava contando que, no momento, ele andava num corpo-a-corpo medonho com uma nova personagem feminina que ele estava criando. Aí o entrevistador quis saber por quê: afinal de contas, se ele tinha criado a *Prisioneira*, uma personagem que estava fazendo o maior sucesso, então por que que ele não trazia ela de volta pra viver novos romances, novas aventuras? E aí o Octavio Ignacio logo emendou: e se o livro vende, eu trago ela pro terceiro, não é? e depois pro quarto, e depois pro quinto; e enquanto for vendendo: tome *Prisioneira!* Começou a rir e ainda disse: pra isso existe novela de televisão, meu amigo; literatura é uma outra história. — E, se lembrando da risada do Octavio Ignacio, Teresa Cristina começou a rir também. — Às vezes ele é um pouquinho debochado, sabe, professor, mas eu não ligo, não: faz parte do charme que ele tem.

Aula de Inglês

Sem se dar conta, o Professor manifestou um gesto de impaciência. Teresa Cristina logo se endireitou na cadeira:

— Eu ontem prometi ao senhor que ia contar por que que eu tô indo m'embora...

— Não é pra trabalhar numa cooperativa agrícola em Moçambique?

— Vou trabalhar, sim. Mas não é por causa disso que eu tô indo. Eu tô indo porque eu fiz um pacto com o Octavio Ignacio. — E repetiu a palavra com gosto: — Um pacto, professor! Um pacto de sangue. — Riu. — Mas deixa eu acabar de contar a tal entrevista. E aí ele disse que estava encontrando muita dificuldade em desenvolver a história: ele tinha imaginado criar um romance em torno da relação que uma leitora desenvolve com um escritor que escreveu um livro que essa leitora amou. Um livro que faz ela se sentir uma verdadeira personagem daquele escritor. Professor! quando ele disse isso eu pirei de vez. Porque aconteceu o seguinte, professor: quanto mais eu olhava pra cara dele ali na telinha (eu achei o cara o maior tesão!), mais eu misturava a minha paixão por este livro* com a paixão que começou a nascer, ali, na hora, pelo cara que tinha escrito o livro. (Nossa, professor! que coisa que de repente eu comecei a sentir por ele.)

Devagar, o corpo do Professor foi indo pra trás, querendo o apoio do espaldar da cadeira.

— E aí, sabe, professor, ele disse que tinha empacado no livro. E, sem gozação, sem coisa nenhuma, e até um pouco sério demais pro meu gosto, ele falou da angústia que um escritor sente quando, de repente, o fio da história, a linha do personagem, o tesão da escrita some, desaparece, morre, sabe deus por quê. Puxa, professor, nessa hora eu só quis chorar. Aí o entrevistador perguntou se ele preferia uísque ou vodca, o Globo ou o JB, o Flamengo ou o Vasco, e se ele achava que o Vasco podia competir com o Corinthians, e se, em matéria

---

*O Professor não perdia de vista o quanto Teresa Cristina afagava e apertava o livro.

Aula de Inglês

de mulher, ele preferia broto ou mulher madura. E aí, professor, ele fez uma coisa que eu achei o máximo: deu um bruto bocejo e declarou que tava morto de sono; pediu licença aos telespectadores, se levantou e disse que ia pra casa dormir. Mais que depressa entrou um comercial no lugar dele e eu fiz igualzinho: fui pra cama dormir. Não dormi coisa nenhuma! Tava possuída por ele, professor, tava apaixonada por ele. Continuava me sentindo a *Prisioneira*. E mais, professor, e mais: comecei a ter certeza, certeza absoluta, de que eu podia muito bem ser a personagem do livro em que agora ele estava empacado. Eu era a personagem que ele não estava conseguindo desenvolver; e se EU era a personagem que, num corpo-a-corpo, ele estava procurando, eu tinha mais é que me encontrar com ele, olhar bem dentro do olho dele e dizer: sou EU, sou EU, sou EU que você tá buscando. Essa idéia... não, idéia não: certeza. Essa certeza foi crescendo dentro de mim até que, dois dias depois, eu tomei coragem e fui num bar-restaurante que o entrevistador mencionou, dizendo que o Octavio Ignacio costumava ir lá. É em Santa Teresa.

Teresa Cristina entrou no bar. Ela não tinha intimidade com o bairro de Santa Teresa, mas resolveu que não ia chamar nenhuma amiga pra ir com ela: queria ir sozinha para, encontrando Octavio Ignacio, poder, ah! poder ficar a sós com ele. Então, entrou e ficou um tempo parada olhando os frequentadores. Não demorou muito pro coração dar uma cambalhota: numa mesa de canto, Octavio Ignacio, absorto, lia um livro. Teresa Cristina achou que os óculos que ele estava usando modificavam um pouco a fisionomia, mas não havia dúvida: era ele. O coração tinha se acelerado tanto com a cambalhota que, quando o garçom veio perguntar se ela estava procurando mesa, ela mal conseguiu responder: já achei. Respirou fundo e se aproximou da mesa de Octavio Ignacio em câmara lenta. Parou e ficou.

Só lá pelas tantas é que ele percebeu aquela figura ali parada. Olhou por cima dos óculos. Teresa Cristina deu um sorriso inseguro pra ele. Ele devolveu o meio-sorriso e tirou devagar os óculos, querendo tornar mais clara a indagação que a fisionomia expressava.

O olho de Teresa Cristina não deixava o olho dele ir embora. Mas a voz continuava presa.

Ele acabou perguntando:

— Você... que falar...

Ela fez que sim com força.

— ...comigo?

Que sim! Que sim! Que sim!

Uma expressão divertida apareceu no rosto dele. Se levantou, puxou a cadeira ao lado mais pra junto, fez um gesto pra Teresa Cristina sentar.

Sentaram.

Ela continuou sem falar. Mas, sempre olhando pra ele, se separou do livro que abraçava e depositou o livro devagar na frente dele.

— Quer que eu autografe?

Ela fez que sim.

Ele afastou o copo que estava na frente dele e botou novamente os óculos:

— Seu nome?

O *Teresa Cristina* saiu baixíssimo.

— Como?

E agora o *Teresa Cristina* saiu tão alto que as pessoas em volta se viraram pra olhar. Mas o resultado não foi ruim: a força que ela botou pra se fazer ouvir destrancou a fala:

— Desculpa, não era pra gritar.

Ele parecia continuar se divertindo à custa dela. Estendeu o livro:

— Prontinho.

Ela leu a dedicatória que ele tinha feito.

— Muito obrigada. — Se abraçou outra vez com o livro e pronto: continuou onde estava. Então, outra vez, ele tirou os óculos, colocou junto ao copo; fechou o livro que estava lendo, depositou ele também na mesa; cruzou os braços e ficou olhando pra ela numa muda indagação (mas sempre com uma expressão divertida no rosto).

Aula de Inglês

Como ela parecia disposta a ficar o resto da noite só olhando pra ele e mais nada, ele pegou o copo e sorveu um gole farto.

— Nem ofereci, não é? É uísque; quer um?

Ela fez que não.

— Quer um suco, uma água, um chopinho?

Ela fez que não.

— Não quer nada?

— Quero.

— O quê?

— Falar com você.

— E por que não fala?

— Tô criando coragem.

— Mas será que precisa tanta coragem assim?

— Não tô habituada a falar com celebridades.

Ele pegou o ar que ela tinha gostado tanto de ver na entrevista (mesmo achando que era um ar de deboche) e repetiu:

— Celebridade!... — deu um riso curto.

— E também porque... eu queria dizer uma coisa que... que você pode até nem gostar, mas... —

Emudeceu de novo. Ele ficou aguardando. De repente, pareceu que ela tinha encontrado o jeito de dizer o que queria: começou a enumerar: — Eu vi anteontem a sua entrevista na televisão.

Ele não disse nada.

— Eu vi você dizendo que empacou no livro que tá escrevendo.

Ele tomou outro gole.

— Eu achei que o entrevistador não era páreo pra você.

Ele pareceu concordar com o olhar.

— Eu sofri quando vi você dizendo como é ruim empacar num livro.

O olhar dele foi ficando mais sério...

— Eu quero ajudar você a desempacar.

...mais sério e mais atento...

— Eu *sei* que eu posso ajudar.

...e um pouco intrigado também.

— Você empacou porque não tá por dentro do que você tá querendo escrever.

Apareceu uma ruga na testa dele.

— Mas eu tô. E sabe por quê? Porque eu *sou* a personagem que você tá escrevendo. Então, é só você me conhecer bem pra saber o que que a sua personagem tem que fazer pro seu livro desempacar.

Octavio Ignacio descansou as costas no encosto da cadeira...

Teresa Cristina imitou o movimento.

...cruzou os braços...

Ela também (a mão sempre segurando o livro).

...a expressão divertida voltou a dominar o olho, só que agora o olho saboreava Teresa Cristina sem pressa.

Sem tirar o olho do dele ela se deixava saborear.

Depois ele perguntou:

— E o que que leva você a acreditar que você é a Penélope?

Ela se espantou:

— Penélope?

— A minha nova personagem se chama Penélope.

— Mas você não disse isso na entrevista.

— Ninguém me perguntou... Mas por que esse espanto?

— Nada, não. É que... você não deu nome pra Prisioneira.

— O fato d'eu ter chamado a minha prisioneira — apontou pro livro que Teresa Cristina conservava junto ao peito — só de Prisioneira não quer dizer que eu vá fazer a mesma coisa com a minha nova personagem.

— Mas é que eu me apaixonei tanto por este livro... — e concluiu a frase tornando ainda mais veemente o abraço ao livro.

— Hmm... você se identificou com a Prisioneira.

— Demais, demais!

— Se identificou ao ponto de achar que ela é você.

— É! quer dizer, não! quer dizer, quando eu disse pra você que ela sou eu, eu não tava pensando na Prisioneira, eu tava pensando era na outra. A outra que só agora eu fiquei sabendo que é

Penélope. — Numa repentina curiosidade: — Você também chama ela de Penny?

— Penny?

— É, Penny.

— Não, por quê? Ela é brasileira, por que que eu vou escolher uma abreviação inglesa pra chamar por ela?...

— É: bobagem minha.

— Chamar por ela... — Deu outro meio-sorriso e por um momento o olho dele largou Teresa Cristina e foi pra janela. — Saiu sem querer, mas é isso mesmo que eu ando fazendo: chamando por ela. Só que ela não responde...

O coração de Teresa Cristina bateu mais depressa:

— Ela *vai* responder. — Tanta firmeza de voz trouxe o olho dele de volta pra ela. — Você disse lá na entrevista da televisão, não disse? você disse que esse seu novo romance é em torno de uma relação que uma leitora estabelece com um escritor a partir de um livro que ele escreveu e que ela amou adoidado.

— ?

— Não disse?

Ele se limitou a fazer que sim.

— Duvido que alguém tenha amado este livro mais do que eu amei. Duvido! — E outra vez o abraço apertou o livro. — Então, de saída, eu já sou a Penélope. E se você estabelece uma relação comigo você vai poder me observar e saber como é que você vai desenvolver a personagem. E vai se observar também. Pra ver como é que o escritor do seu novo livro vai reagir. Quer dizer: o livro vai desempacar.

O olho dele agora se demorava saboreando Teresa Cristina: boca, orelha, pescoço, cabelo, tudo.

— Que delícia! E simples, não é? a solução que você me arranjou. — Riu.

Dessa vez um riso mais prolongado. Ela acabou rindo também:

— Não sei se pra você vai ser simples; pra mim vai ser complicado.

Aula de Inglês

Ele teve vontade de ver até onde ia a fantasia dela:

— Ah, é? e por quê?

— Porque você não tá apaixonado por mim, mas eu tô apaixonada por você.

— Também??

A cara dela ficou séria.

— Por quê? tem muita gente apaixonada por você?

— Não, não é isso. Eu pensei que sua paixão fosse só pelo meu livro. — Fez um gesto pro abraço apertado.

Ela sacudiu a cabeça com ar resignado:

— Já se espalhou. — E quis ser ainda mais clara. — Pro escritor.

— Ah!... — Bebeu o resto do uísque, procurou o olhar do garçom e levantou o copo pedindo uma reprise. Olhou pra Teresa Cristina:

— Você tem certeza de que não quer beber nada, nadinha?

— Tenho.

— Quem sabe você quer um tira-gosto?

Ela fez que não. Estava se sentindo tão aliviada da paixão já ter saído pelas palavras, que experimentou até brincar:

— Tirar o gosto pra quê? se tá tão bom...

Ele imitou o ar brincalhão dela e descansou outra vez as costas na cadeira. Ficaram se olhando.

Começou a ficar evidente que ele olhava pra ela cada vez com mais prazer. O garçom se aproximou e substituiu o copo. Octavio Ignacio pegou o copo e ficou tilintando o gelo lá dentro.

— E... como é que você imaginou que ia ser a relação da Penélope com o Escritor?

— Ele também não tem nome? que nem a Prisioneira?

— Até agora não encontrei nenhum que... que seja ele. Se eu não encontrar, ele vai ficar se chamando mesmo Escritor e pronto. Mas, hein?

— O quê?

— Como é que você imaginou que ia ser a relação dos dois?

— Eu não sei escrever livros... é você que tem que imaginar, ué.

— Mas você já imaginou tanta coisa...

— Não! eu não *imaginei* que eu me apaixonei: eu *sei* que eu me apaixonei. É diferente.

— Mas imaginou uma utilidade pra essa paixão: imaginou que, botando ela em prática, ia me curar do empacamento literário que eu tô sofrendo. Muito nobre da sua parte, agradeço.

— Não precisa, não: se eu não tivesse me apaixonado por você eu não tava nem aí pro seu empacamento.

Octavio Ignacio deu uma risada:

— Você disse isso com uma expressão tão adorável que eu já estou até achando que a Penélope tem que ter uns repentes de espontaneidade, assim feito você.

Dessa vez a expressão de Teresa Cristina foi de puro encantamento: ah! então ele tava começando a achar que ela era a Penélope.

— O que não quer dizer que eu esteja achando que a sua ideia vai funcionar, viu, Teresa Cristina...

Ah! então ele não tinha esquecido que ela se chamava Teresa Cristina.

— ...e que, mesmo que a gente esteja aqui começando uma amizade, essa amizade vai me liberar a Penélope...

Ah! então ele já sabe que a gente tá começando uma amizade.

— Ah! que bom.

— O quê?

— Que a nossa amizade já começou.

— O que não quer dizer que continue, não é?

— Se não continuar, você não vai ficar me conhecendo...

— ...e se eu não ficar conhecendo você, eu não vou ficar conhecendo a Penélope...

— ...e se você não ficar conhecendo a Penélope, você não vai poder *escrever* a Penélope...

— ...e se eu não escrever a Penélope, eu vou continuar empacado pro resto da vida.

— Já pensou?

E agora os dois riem juntos.

Aula de Inglês 85

Assim, mais relaxada, Teresa Cristina liberou em parte *A Prisioneira:* botou o livro na mesa, estendeu o braço e descansou a mão em cima dele. O corpo se inclinou pra frente; o outro braço foi se dobrando pra apoiar o cotovelo na mesa e facilitar o movimento da mão, que se curvou fazendo concha. A calhar pro queixo entrar. E fez tudo isso sem pensar. Ou melhor: só pensando como era bom ficar ali só olhando, olhando pro olho em frente, que olhava pra ela só.

Se o Professor estivesse presente, ia logo querer enquadrar a pose involuntária de Teresa Cristina. E depois, estudando ardentemente a foto recém-revelada, ia ficar tão perturbado pelo olhar de Teresa Cristina, que ia se limitar a "batizar" a foto de: sem título.

Mas quem está presente é o Octavio Ignacio, que sorve um gole largo do copo sem tirar o olho de Teresa Cristina.

Silêncio comprido. Depois ele pergunta:

— E... já que você imaginou todo esse enredo...

— Enredo?

— Enredo, entrecho, fábula, romance, *plot*, o nome que você gostar mais; já que você imaginou ele todo...

— Todo, não. Só o princípio.

— Só esta cena?

— Esta qual?

— Esta que nós estamos vivendo.

A cara dela pegou um jeito meio encabulado, meio brincalhão:

— Não... só esta, não... Mas... pra imaginar melhor as outras eu primeiro tinha que ver como é que esta rolava... — o dedo riscou de levinho *A Prisioneira* —, não tinha?

Octavio Ignacio foi chegando pra frente. Sem largar o copo, descansou ele na mesa junto d'*A Prisioneira*.

— Tinha.

— Pois é.

— Está satisfeita com o resultado desta primeira?

— Depende.

— De quê?

— De você, ué.

— Mas é *você* que tá criando o enredo, não sou eu.

— Só que... se você não acreditar no meu plano pra te ajudar, o "enredo", feito você diz, não vai funcionar.

A mão que segurava o copo se encostou na lombada d'*A Prisioneira*.

— Não posso te dizer que acredito. Mas posso te garantir que ia gostar de acreditar.

Ah! ele tinha falado de um jeito mais... assim, mais íntimo, não tinha? E o dedo foi deslizando devagar pra lombada.

— Eu entendi direito?

— O quê?

— Você ia gostar de me conhecer bem?

— Bem... pode ser isso também.

— Qual é a graça?

— Bobagem: achei engraçado o jeito que as palavras se arrumaram.

Teresa Cristina não entendeu o jeito das palavras. Mas vai ver não prestou atenção: parecia mais interessada no jeito do dedo que escorregou lombada abaixo e foi cair justo na mão que segurava o copo. Um e outra ficaram se alisando durante um tempo. Depois:

— Pra conhecer você *bem* a gente tinha que conversar mais, não é?

— Ah, é! e noutros lugares também. Só aqui não ia dar.

— Por quê? Você não gosta daqui?

— Não, não é isso, mas é que... pr'uma pessoa conhecer *bem* a outra, elas têm que, assim... ir à praia juntos... ir ao cinema... passear... ir a um lugar quieto... têm que variar o lugar de se encontrar, não é?

— Hmm, hmm.

A mão resolveu trocar o copo pelo dedo. O dedo pediu reforço aos vizinhos, e as duas mãos se encontraram por inteiro. E, pelo jeito, foi bom demais: logo as outras duas vieram também.

Copo e *Prisioneira* pro lado, Teresa Cristina e Octavio Ignacio, olho no olho, agora dão um tempo grande para que as mãos se percorram com minúcia, se conheçam *bem.*

A cena se quebra quando o garçom vem perguntar se eles querem jantar.

— Obrigado. Só a conta. — E, sem largar as mãos de Teresa Cristina: — Combinei jantar com uns amigos que moram aqui em Santa Teresa. — Olha o relógio. — Ainda bem que eles não levam muito a sério essa questão de pontualidade... E você? o que que você vai fazer?

— Voltar pra casa e pensar na próxima cena. — Um pouco temerosa: — Vai ter, não vai?

A expressão divertida volta pro olhar dele.

— Vai.

— Onde?

Ele meio que encolhe o ombro:

— Ainda tô meio por fora do teu enredo pra saber o próximo cenário do filme... — Ri.

Ela olha pra ele desconfiada:

— Você não tá me levando muito a sério, não é?

— O que que você acha?

O garçom traz a conta e as mãos se separam.

— Amanhã? — ela pergunta.

— Se não chover — ele responde.

— O que que a chuva tem a ver?

— Te explico no caminho. — Se levanta e conduz Teresa Cristina pra porta.

Teresa Cristina deu uma risada que não saiu lá muito convincente:

— Ele tem problema com chuva, sabe, professor. Chuva deixa ele num baixo astral medonho. — Olhou pra janela (o galho da amendoeira insistia em bater no vidro) e a cara dela se acinzentou também. — E justo na hora d'eu ir m'embora desata a chover desse jeito. Quando ele entra nessa deprê não quer saber de ninguém. Nem de mim. Diz que depressão é doença que contagia e que ele não pode espalhar o vírus; diz que a chuva às vezes tem o poder de levar ele pro fundo do poço; e não adianta eu dizer que com ele eu

Aula de Inglês

vou pra qualquer poço, mesmo o mais fundo: não atende telefone, não abre porta, não acessa *e-mail,* celular nem pensar, e quando eu perguntei, você então aproveita pra escrever? ele me olhou feito eu fosse meio estúpida e me deu os parabéns d'eu não saber o que que é depressão. — Olhou de novo pra janela. — E, pelo jeito, não vai parar de chover. — Suspirou fundo e olhou pro Professor: — Acho que a gente já vai ficar despedida, viu? — Estendeu o livro. — Eu ia pedir pra ele autografar pro senhor, mas... começou a chover, né? — Segurou com afeto a mão do Professor. — Mais uma vez: muito obrigada pelas aulas maravilhosas que o senhor me deu esse tempo todo. Eu aprendi muito com o senhor, sabia? Não foi só inglês, não. Nas conversas que a gente tinha aqui nas aulas, quanta coisa que eu não sabia e o senhor me ensinou. E tão barato que o senhor me cobrou! — Ri. Olha pra ele com carinho. — Obrigadona mesmo, professor. — Se inclinou e deu um beijo na mão dele.

O contato dos lábios de Teresa Cristina, tão mais leve e distante do sonhado, produz um verdadeiro choque no Professor: ele se levanta de estalo, anuncia que vai providenciar o café e some na cozinha. Ouve a voz de Teresa Cristina perguntando se pode usar o telefone...

— Claro.

...a voz diz que o celular está sem carga, conclui que deve ser de tanto ligar pro Octavio Ignacio, e aí Teresa Cristina experimenta outra vez um riso que não soa convincente.

O Professor tenta se concentrar no preparo do café. A respiração meio ofegante, os gestos mecânicos, a fisionomia crispada dão a medida do esforço que ele está fazendo pra controlar a avalanche de sentimentos contraditórios que foram se confundindo dentro dele desde a chegada de Teresa Cristina. E agora, mesmo com o café já pronto na bandeja, ele parece estar se segurando nas alças, muito mais do que querendo levar a bandeja pra sala.

Teresa Cristina entra na cozinha.

— Não consegui falar. Paciência. Posso ajudar? Hmm, mas que cheiroso que tá esse café. E com

Aula de Inglês 93

biscoito e tudo, que lindo! Não precisa levar pra sala, não, professor, a gente toma aqui mesmo, essa cozinha é tão gostosa.

O Professor deposita a bandeja numa mesa pequena que tem ao lado do fogão e os dois se sentam.

— Eu nunca vejo ninguém aqui... — Olha pra ele. (Mas ele agora evita o olhar dela.) — O senhor gosta de cozinhar?

— Às vezes. Eu tenho uma ajudante. Uma senhora ótima que vem aqui há muitos anos. Toda quarta-feira. Dá uma geralzinha em tudo e prepara uns pratos que deixa no congelador.

— Só uma vez por semana?

— Não precisa mais, o apartamento é pequeno.

— Mas é tudo tão arrumado...

— É: cada coisa no seu lugar.

— Mas é um arrumado gostoso, a gente vê logo que o senhor gosta daqui.

— Gosto.

— Aposto até que sente saudade quando está longe.

— Sinto.

— Deve ser bom a gente morar num lugar que a gente gosta assim. E que é da gente mesma, sem perigo nenhum de despejo nem de aumento de aluguel.

— Muito bom.

— Lá em casa aumentaram outra vez o aluguel. O papai disse que se aumentam de novo a gente muda de bairro, não vai dar mais. E a gente acaba não se apegando muito a nada, não é?

— É.

— Sabendo que lá pelas tantas pode ter que ir embora, a gente acaba vivendo assim meio... meio provisório, não é?

— É.

Teresa Cristina estranha a reserva do Professor. Fica olhando pra ele. Ele se levanta:

— Quer mais café?

— Um pouquinho mais, obrigada. Tá ótimo.

Ele vai pegar a cafeteira; volta; senta de novo. Ela segue os movimentos dele com o olhar. Depois:

Aula de Inglês 95

— Eu fiz alguma coisa... — hesita — ...eu disse alguma coisa que aborreceu o senhor?

Ele se limita a aproximar mais os biscoitos dela.

— O senhor está aborrecido comigo?

Ele escolhe devagar as palavras:

— Não, Teresa Cristina, estou apenas esperando.

— Esperando...?

— Você ia me contar por que que vai embora pra Moçambique, mas acabou me contando o que que foi fazer em Santa Teresa. Então, estou esperando você voltar pra África.

— É mesmo! — Ri. — Desculpa, professor, acho que hoje eu tô meio perturbada.

— *Hoje?* — Ergue o olhar pra ela.

— Ontem também, eu sei.

— *Ontem?*

— Bom, pra ser franca, eu ando meio assim há mais tempo, mas..., pra ser superfranca, eu acho que o que eu tô sentindo é um baita de um medo. Essa viagem tá me dando até tremedeira de perna.

O Professor empurrou a xícara; concluiu que Teresa Cristina estava precisando de ajuda e isso, agora, era outra coisa: por mais ciúme, por mais desespero e, sobretudo, por mais perplexidade que a narrativa da visita a Santa Teresa tivesse causado nele, Teresa Cristina estava com medo, precisava da proteção, era nisso que ele tinha que se concentrar.

— *Medo*, Teresa Cristina? Mas medo de quê? por quê?

— É a primeira vez na vida que eu vou ficar sozinha, professor! Bom, eu acho que já tava mesmo na hora de viver essa experiência, de me virar sozinha, mais cedo ou mais tarde a gente tem que aprender. Mas, de cara, ter que me virar sozinha na África! já pensou? Só depois que começou a chover e que o Octavio Ignacio desceu pro fundo do poço é que eu comecei a pensar nisso pra valer. E me deu um apavoramento que o senhor não imagina. — Olha pro Professor. — Ele só pode estar no fundo do poço, não é? não atende o telefone, nem porta, nem nada... — Suspira. — Bom, pelo menos a gente fala a mesma

Aula de Inglês

língua, quer dizer, Moçambique e eu. Ia ser pior se eu tivesse que ir sozinha pro Iraque. E todo mundo diz que meu inglês tá ótimo. Graças ao senhor, não é? – Ficou um momento ruminando o medo. – Tá difícil, professor. Tá sendo difícil pra mim. E o pior é que eu tenho que fingir que não está. Foi uma tremenda batalha lá em casa pra mãe e pro pai toparem essa minha saída de casa. O arranjo é pra eu ficar lá um ano...

– Um ano?!

– Com a condição de voltar no fim de seis meses se eu não me adaptar. – Meio que toma fôlego. – Eu sei que eu vou voltar. Meu lugar é aqui, e, se eu continuo com esse medo, arrisco voltar na semana que vem.

O Professor agora estava nervoso, e a voz saiu tão veemente que até ele mesmo se surpreendeu:

– Mas, afinal! você vai ou não vai me explicar direito por que que está indo embora?!

O nervosismo contagiou: ela respondeu quase irritada:

– Não sou eu que tô indo, é a Penélope!

O Professor olhou pra ela com a incompreensão com que já tinha olhado várias vezes.

— Será que o senhor não sacou até que ponto eu tô apaixonada por ele? Até que ponto eu tô vivendo no céu e não na terra desde que a gente começou essa relação? O senhor, por acaso, não sabe o que que é a gente se dar inteirinha pra outra pessoa? Inteirinha, professor, inteirinha! Eu queria que ele conhecesse o meu mais fundo; do dedo do pé até este fio de cabelo aqui. Eu tinha certeza de que eu podia ajudar ele a desempacar a Penélope. — E a mão espalmada bate na mesa: — E consegui! É: consegui. Ele começou a escrever ela de novo. À minha imagem e semelhança, feito ele diz rindo. Ele me chama todo dia: "Vem posar pra mim, minha Penélope." E eu vou voando pra lá. E faço pose feito modelo faz pra pintor. E ele me pinta, me pinta, quer dizer, me escreve, me escreve, me escreve, e depois lê tudo pra mim. A Penélope desempacou; a história desencantou; e quantas vezes ele disse que nunca tinha sentido um tesão tão forte pela escrita feito o que ele tava sentindo na criação da

Aula de Inglês

Penélope; e quando eu não podia ir lá posar, ele depois me telefonava pra contar o que que tinha acontecido naquele dia com ela, e dizia, agora a gente vai fazer isso e aquilo pra ver como é que ela vai continuar. A *gente* era eu: ele inventava uma cena nova pro livro e gostava que eu vivesse a cena pra ver, abre aspas, como é que a Penélope se comportava, fecha aspas. Isso foi indo e foi indo, e quando, um dia, ele leu pra mim uma cena que tinha escrito, eu falei: mas eu não sou assim. "Ah, mas vai ser", ele disse. E quando, num outro dia, ele falou que a Penélope precisava passar uma temporada longe e que ele então ia ver minha reação, eu, na hora, nem entendi direito que ele queria que eu me afastasse por um tempo pra ele ver se a Penélope ia se adaptar ou não na aventura que ele tinha preparado pra ela viver...
— O Professor olhava perplexo pra Teresa Cristina.
— Ela ia viver uma aventura na África. "Uma aventura social", ele disse, "os tempos agora são outros." E aí ele mesmo começou a arranjar uns contatos com o pessoal da Ong inglesa e o resto todo. No princípio eu pensei que ele ia junto e topei entusiasmada a idéia de viver

uma aventura social na África; mas quando eu entendi que eu ia e ele ficava... eu já não gostei tanto assim; e quando fiquei sabendo que ele tinha arrumado tudo pra eu ficar lá um mínimo de seis meses, eu ainda gostei menos. Mas quando eu quis dar pra trás ele me perguntou por que que eu tinha feito tanta questão de selar o pacto, e quando...

— Que pacto, Teresa Cristina, que pacto?

A pergunta estancou a fala de Teresa Cristina e levou o olho dela pro chão. Respirou fundo feito tomando coragem. Coragem não tanto pra contar o pacto, mas, sobretudo, pra cumprir o juramento feito pro Octavio Ignacio.

Teresa Cristina não se lembrava se tinha sido no segundo ou no terceiro encontro com Octavio Ignacio que ela quis saber por que que nem as orelhas, nem a quarta capa d'*A Prisioneira*, nem o *site* dele na internet, nem a

Aula de Inglês

entrevista que ele tinha dado na televisão revelavam se ele era casado ou não. Ele se limitou a esclarecer que, às vezes, era solteiro, às vezes divorciado, às vezes casado, e que tudo isso dependia das circunstâncias. Ela então achou que ele não estava a fim de dar uma resposta clara e buscou uma resposta nebulosa:

— E, nas *circunstâncias* de hoje, você é...?

— Adivinha.

Ela pensou um pouco:

— Celibatário.

Ele riu:

— Taí: não tinha me ocorrido ser isso também.

— O quê?

— Você acha que eu sou celibatário?

— Sei lá! acho você tão diferente de tudo e de todos, que achei que podia ser celibatário também.

— Também por quê? Você conhece algum celibatário?

— Nenhum! Até meus amigos *gays* cismaram agora de querer casar. Mas você é tão diferente que, vai ver...

— Então tá resolvido: eu sou celibatário.

Ela olhou pra ele desconfiada:

— Só *hoje?*

— "O futuro a Deus pertence", não é? — Abraçou ela. Se acariciaram. Mas *hoje* ela estava disposta a saber mais da vida dele:

— E você mora onde? — Logo se corrigiu: — Quer dizer, *hoje* você mora onde?

Ele lançou um olhar apreciativo pra ela:

— Urca.

— Ah, que lindo! adoro aquele lugar. Dá pra gente ir lá... — completou brincalhona — ...*hoje?*

Deu.

E agora ele está diante da pia do banheiro fazendo a barba na frente do espelho. A porta está aberta e o espelho mostra Teresa Cristina entrando. Ela pára atrás dele. O olhar dos dois se encontra no espelho e se perde num namoro ardente.

De repente, a dor arranca ele do namoro.

— Ai! — larga na pia a navalha com que toda a vida se barbeou.

Aula de Inglês   103

— Que foi?!

E já um fio de sangue escorre do corte junto ao lábio de Octavio Ignacio. Num movimento instintivo Teresa Cristina pega a navalha e dá um talho no próprio lábio; se abraça com Octavio Ignacio e beija ele com sofreguidão:

— Pacto de sangue! — ela explica quando afasta a cabeça. — "Pro pacto ser um juramento pra valer a gente tem que misturar os sangues..." Não foi assim que a Prisioneira falou quando quis fazer o juramento que acabou não tendo coragem de fazer?

Octavio Ignacio fica olhando surpreso pra Teresa Cristina. Ela está com uma cara satisfeita.

— Posso usar essa toalha?

Ele mal faz que sim. Ao mesmo tempo que ela vai limpando o sangue de Octavio Ignacio e o dela, vai contando pra ele que "ainda há pouco, lá no quarto, eu te fiz um juramento, não é?...".

— Que eu não pedi...

— Eu sei, eu sei, fui eu que quis; a idéia de fazer um pacto com você foi só minha. Mas eu não tinha tido essa idéia de selar ele com sangue. Só que eu não resisti quando vi esse fio vermelho escorrendo da tua boca. — Ri. — Tá parando, ó, já tá parando.

— O teu ainda está brotando, o talho deve ter sido mais fundo.

— Não faz mal, vai parar também. Já, já. Mas agora eu não posso voltar atrás no juramento que eu te fiz. Tá selado com sangue e tudo.

— Aquele juramento é uma bobagem, uma brincadeira tua que...

— Bobagem coisa nenhuma! Eu jurei que eu vou te amar... — canta a letra do Vinícius — ..."por toda a minha vida eu vou te amar"...

— Essa idéia de toda a vida também é só tua...

— ...e jurei que eu vou fazer tudo! tudo que é preciso fazer pra Penélope ser uma personagem ainda mais maravilhosa do que a Prisioneira. — Num desafio vitorioso: — E se a Prisioneira não teve coragem de fazer um pacto de sangue, a Penélope teve, ela é mais valente...

Octavio Ignacio puxa Teresa Cristina.

— Vem cá, minha Penélope. — Se abraçam.
— Quantas surpresas você me reservou pro dia de hoje... — Deixam as mãos passearem à vontade pelo corpo um do outro. — Começaram lá...
— faz um gesto de cabeça pro quarto — as tuas surpresas.

    — E pensa que já acabaram?
    — Ah, não?
    — Pois se só tão começando...

Foi sem tirar o olho do chão (quem sabe até meio encabulada) que Teresa Cristina contou pro Professor o juramento, o pacto, o mês maravilhoso que tinha vivido, se encontrando todo dia com Octavio Ignacio, quer dizer, todo-dia-que-não-chovia; a Penélope desempacando, o livro que ele escrevia indo tão bem! O plano dela tinha dado certo: quanto mais ela se dava pro Octavio Ignacio, mais ele se dava pra Penélope; quanto mais ela se mostrava pra ele, mais ele sabia como era a Penélope, e escrevia, e escrevia.

— E, de repente, sabe, professor, a gente vai jantar lá em Copacabana, no restaurante árabe que ele gosta, e quando sai do carro vê aquela turma dormindo na rua, criança, velho, uma família inteira embrulhada nuns trapos, e a noite tava tão fria que a minha revolta com essa coisa nossa de tanta riqueza de um lado e tanta miséria de outro saiu pelo ladrão: fiz uma cena ali mesmo, desatei a chorar, disse que ninguém fazia nada pra mudar essa história e que a gente também não: ia entrar no restaurante, ia comer à vontade, ia beber caipirinha, ia pedir sobremesa e depois entrava no carro pra continuar curtindo a noite e era tudo uma delícia; e ele ficou ali parado olhando pra mim, e aí começou a chover e a turma dos mendigos foi se encolhendo pra ver se cabia todo mundo debaixo da marquise, e uma menina de pé no chão levantou e veio pedir dinheiro pr'um pão e todo mundo foi ficando molhado e, pelo jeito que eu vi o Octavio Ignacio olhando pra chuva, eu vi logo que ele

Aula de Inglês 107

perigava de encucar; dito e feito: disse que era melhor deixar o árabe pra outra noite, que a gente já tava muito molhado pra jantar. Dirigiu pra minha casa sem dizer uma palavra. E antes de me dar boa-noite ele falou: "Esta noite você me mostrou o que que a Penélope tem que fazer agora; eu vou pra casa rascunhar a cena; depois te conto." A chuva passou logo, mas só três dias depois a gente se encontrou outra vez: ele teve que ir a São Paulo, e na volta contou: "Dei uma guinada na história: a Penélope resolveu se dedicar a uma causa nobre." (Sempre que ele fala em causa nobre ele faz sinal de aspas e meio que ri com aquele jeito assim... aquele jeito.) Contou que a Penélope agora ia pra África trabalhar numa Ong que estava tentando combater a miséria do povo na área rural de Moçambique. "Passei pra ela a tua revolta", ele disse. E, quando eu perguntei por que que ela ia pra tão longe se a gente tem tanta miséria aqui tão perto, ele me respondeu: ué: quantas vezes você me disse que tinha vontade de passar uma temporada longe da família, do Rio, de tudo.

Agora Teresa Cristina olha pro Professor:

— E quando eu saquei que era *eu* que ia pra África, pensa que eu não gostei? Adorei. Eu sempre imaginei que a minha primeira viagem pro exterior ia ser pra Roma, Florença, Veneza, mas eu estava pensando que ia com ele, então, tanto podia ser Moçambique como Itália, o importante era viver com ele essa grande aventura. Só me concentrei em acomodar tudo lá em casa. Meu pai, de saída, empacou, disse que esse negócio de Ong é suspeito; ele é muito preconceituoso, o senhor que conhece ele deve saber. Me deu uma mão-de-obra danada pra convencer ele. E eu não falei no Octavio Ignacio, só falei no pessoal da Ong. Meus pais nem sabem dessa minha história com o Octavio Ignacio. Mas eu levei lá em casa uma inglesa e um canadense que trabalham com essa Ong aqui no Brasil. E o meu pai gostou demais deles; daí pra frente tudo foi se arrumando. E o Octavio Ignacio foi providenciando o resto. Só quando ele me deu a passagem é que ele disse que eu ia primeiro pra Londres. Eu ia ficar uns dias lá fazendo um curso rápido pra sacar melhor o meu trabalho. A sede da Ong é lá. E aí começou a falar na rota meio maluca que o *meu* vôo fazia pra Moçambique: você vai fazer escala aqui, vai fazer escala ali, vai fazer escala não sei mais onde, e como ele só falava em *você* eu perguntei, e você?

— Eu o quê?
— Você só fala em mim. Parece até que você nem vai.

Octavio Ignacio ficou olhando surpreso pra Teresa Cristina:

— Mas você imaginou que eu fosse?

— *Imaginei?*

Ele deu uma risada gostosa e puxou Teresa Cristina pra entrar no abraço dele:

— Vem cá, minha Penélope, vem cá. Tô vendo que a tua imaginação não tem limite. — Afasta o abraço, olha bem sério pra ela. — Agora, sim, eu já posso prever o teu futuro: sabe o que que você vai ser? Uma belíssima escritora! Vai ser uma opção compulsória: você vai *ter* que dar vazão a toda essa imaginação. — E, carinhosamente, puxa ela de novo pra ele.

Teresa Cristina se entrega ao abraço. Não pra retribuir. Só pra poder ficar assim como está: o rosto escondido, sem perigo nenhum do olho revelar a frustração que ela está sentindo. Frustração que ora toma o feitio de vergonha (vergonha? é! vergonha de ter imaginado tanto), ora de desapontamento (sem ele?? mas então... que aventura que vai ser?), ora de quase-desespero (um ano sem ele?! seis meses sem ele?), e, quando Octavio Ignacio quer olhar pra ela, ela se agarra mais no abraço: por pior que seja a frustração, o orgulho ainda é maior (nunca-jamais-em-tempo-algum! eu vou ser o modelo de uma Penélope fraca).

Outra vez Octavio Ignacio quer olhar Teresa Cristina no olho, mas outra vez ela se aperta no abraço para que o olho não denuncie ela.

Aula de Inglês

— Você tem medo de ir sozinha? — ele pergunta num tom gentil.

Ela faz que não com a cabeça.

— Você... Me diz uma coisa, minha Penélope: você estava *mesmo* achando que eu ia junto?

(Quem sabe ele estava querendo experimentar ela *outra vez?* pra ver como é que a Penélope se comportava numa situação dessas?... Mas eu não tô posando de forte... valente... ousada?...)

Teresa Cristina respira mais fundo; vai afastando o rosto devagar. Quando, afinal, olha pra ele, o medo da denúncia já passou.

— Estava.

— Mas eu nunca disse que ia junto, disse?

— Não.

— Então? A idéia de me mostrar como é a Penélope é tua, não é?

— É. E agora você quer ver como é que ela se comporta numa hora dessas.

A expressão dele toma o ar divertido que tanto encanta Teresa Cristina.

— É.

— E como é que você vai ver se você não vai?

— Mas eu não fiz a Penélope à tua imagem e semelhança?

Teresa Cristina faz que sim.

— E não fiz ela com mania de escrever diário, que nem você faz?

Que sim outra vez.

— Então? É claro que você vai escrever no teu diário tudo que acontece por lá, isso eu sei. Só que agora você vai tirar cópia do que escreve. E vai me mandar pra eu ler. — Puxa ela de novo pra ele. — Isso vai ajudar nós dois.

O olho dela se abre numa interrogação. E ele:

— Ajuda o escritor no livro que ele está escrevendo (você não fez até pacto de sangue pra selar o juramento de me ajudar em tudo?) e vai ajudar a futura escritora aqui. — Penteia com os dedos o cabelo dela. — Já pensou que experiência incrível essa viagem vai ser pra você? — A cabeça de Teresa Cristina faz que sim. — Quanta coisa nova você vai ter pra ver, pra pensar, pra escrever!

A cabeça faz que sim...

— Promete que vai escrever tudinho, minha Penélope? e que vai me mandar cópia de tudo que escreveu?

...que sim, que sim, que sim...

        Eu consegui isso também, professor: eu não mostrei medo nenhum pra ele. Mesmo porque o medo começou a crescer depois que desatou a chover desse jeito: o astral dele deve ter despencado: desde ontem que ele não atende porta nem telefone. Acho que isso tá piorando o meu medo. — A voz tropeça na fala, o olho se enche de lágrima. — Ontem eu ainda me controlei aqui na aula, mas hoje não tá dando mais, professor: eu tô apavorada de me mandar sozinha lá pra África. Apavorada! — Num impulso, se agarra no Professor e desata a chorar.

O contato físico (tão ardentemente sonhado) de Teresa Cristina deixa o Professor rígido. Está possuído por sentimentos tão contraditórios, que o desejo de estreitar Teresa Cristina num abraço avassalador é manifestado apenas por uma palmadinha solidária nas costas dela; a volúpia de aspirar e explorar o corpo que se chegou ao dele fica reduzida ao gesto de tirar um lenço do bolso e oferecer a Teresa Cristina. Mas, se os gestos não traíram nenhum sentimento, a voz vai logo denunciar um deles, quando pergunta:

— Se você não está querendo ir, por que que você vai?! Então você não está enxergando o belo pretexto que ele arrumou pra se livrar de você?

O susto que a pergunta provoca não é só da Teresa Cristina. É do Professor também. Susto que aumenta ao ver o movimento instintivo que ela faz pra se afastar dele e largar o lenço na mesa.

Mas o que está dito está dito.

— Eu não disse que não quero ir. Eu disse que tô com medo de ir. É muito diferente. — O tom de autodefesa que ela assume desorienta ainda mais o Professor:

Aula de Inglês 115

— O que eu quis dizer é que você não *tem* que ir só porque...

— Eu não *tenho:* eu *quero,* será que o senhor não entende, não?

— O que eu não entendo é como é que você não percebe a manobra.

— Que manobra, professor? que manobra?!

— Teresa Cristina, você se envolveu demais com esse homem.

— E daí?

— E daí que quando a gente se envolve dessa maneira não consegue ver direito as coisas.

— Não tô vendo o quê? se eu sou a primeira a anunciar pra ele, pro senhor, pra quem quiser ouvir, que esse *homem,* feito o senhor diz, é a paixão da minha vida.

— Que idade ele tem?

— E o que que isso tem a ver?

— Só tô perguntando.

— Quarenta e três, e daí?

— Ele podia ser seu pai, não é?

— E o senhor, meu avô; e nem por isso a gente deixou de conversar mais de um ano numa boa; ou deixou?

— Claro, claro, mas o que eu tô querendo dizer...

— O senhor já disse.

— Eu mal comecei a falar, Teresa Cristina.

— Mal começou e disse logo que a minha viagem é um jeitão que o Octavio Ignacio tá dando pra se livrar de mim.

— Mas é tão óbvio!

— Pode ser óbvio pro senhor, mas não pra mim.

— Porque essa paixão não tá deixando você ver claramente as coisas. Então um homem que tá apaixonado por uma mulher vai armar toda essa história pra fazer essa mulher sumir da frente dele por, pelo menos, seis meses?!

— Em primeiro lugar, quem armou essa história fui eu...

— Mas quem está dando o desfecho é ele, não é?

Aula de Inglês

— ...em segundo lugar, o senhor não deve ter prestado muita atenção no que eu contei...

— Não perdi um ponto, uma vírgula.

— ...se tivesse, ia ver logo que quem está apaixonada sou eu, não é ele.

O Professor hesitou. Ela, não:

— E se pro senhor paixão quer dizer cegueira, pra mim quer dizer vida! E se pro senhor é o jeitão que ele tá dando pra se livrar de mim, pra mim é um jeitão que eu vou dar pra ele *não* se livrar. Tchau, professor, e outra vez muito obrigada: difícil ter umas aulas de inglês tão boas feito as que o senhor me deu. — Foi rápido pra sala, arrebanhou capa e bolsa no caminho, saiu fechando a porta, desceu num segundo a escada, ganhou a rua, sumiu logo na esquina, só parou quando chegou na praça e viu que a chuva tinha parado também. Dobrou a capa pra servir de almofada e sentou num banco molhado. O coração estava acelerado, o pensamento, não: caminhava com lentidão, indo sempre pra mesma dúvida: será que o Professor tinha razão? Voltando sempre pra mesma esperança: não! Indo e voltando, indo e voltando.

E na cozinha também: o Professor parado, o pensamento empacado na mesma pergunta: e agora? Teresa Cristina perdida pra sempre? Voltando sempre pra mesma resposta: não pode ser! Indo e voltando, indo e voltando...

Lá pelas tantas Teresa Cristina viu uma brecha azul se abrir no céu. Ficou olhando. Esperando ela se alastrar.

O Professor foi lento pra sala, sentou na cadeira onde sempre sentava e ficou olhando pro galho da amendoeira. A resposta *não pode ser!* foi virando pergunta: fazer o que pra não ser?

A brecha de azul no céu se alargou e se alargou. A atenção de Teresa Cristina se concentrou no azul.

Ele queria tanto! mas tanto! ajudar Teresa Cristina. E, de repente, aquilo tudo: ela saindo magoada, não dando tempo dele dizer mais nada, de explicar direito...

Já tinha um pedaço enorme de azul no céu:
Teresa Cristina resolveu: na hora que ficar *todo* azul
eu telefono pra ele, e aí ele *tem* que atender.

De repente, o olho do Professor deu com o
livro que Teresa Cristina tinha levado pra ele. Estava
misturado com os outros livros que se revezavam na
mesa. Estendeu a mão pra pegar o livro e, sem se
dar conta, acariciou o título; explorando com o dedo
cada contorno de *A Prisioneira*. A mão se
imobilizou; o fotógrafo reapareceu dentro do
Professor e ele ficou buscando o melhor
enquadramento pra mão e o livro. Ele queria um
enquadramento que, de alguma forma, pudesse
sugerir uma prisão. Quando encontrou, encontrou
também o título pra foto: "Ela e eu."

O céu agora estava todo azul. Teresa Cristina
se levantou e marchou pro orelhão. A voz de Octavio
Ignacio atendeu e logo pegou a entonação que ela
amava:

— Tava te procurando, minha Penélope!, mas
teu celular não responde.

— Tá sem carga.
— Tô morto de fome.
— Agora eu também.
— Te pego onde pra gente almoçar?

Sala. Quarto. Cozinha.
O Professor anda com método. Pra cá e pra lá; pra cá e pra lá. O sol brilha lá fora. Mas ele não quer ver: fecha tudo que é cortina. Ah!, se pelo menos continuasse chovendo, ela continuaria ligando, ligando e talvez o homem não respondendo, e então, sim: ele poderia se comunicar de novo com ela, pedir um encontro, fazer ela entender que ele tinha se expressado mal, que ele queria ajudar ela, que era isso o que ele mais queria: ajudar ela.

Mas o sol insistiu o dia todo e, se tudo que ela tinha contado era mesmo verdade, na certa o sol já tinha tirado o homem do fundo do poço e ele já tinha atendido ao chamado dela e eles já estavam

Aula de Inglês 121

juntos de novo (na Urca?). E só quando se faz noite
o Professor abre as cortinas, pra logo em seguida
fechar: tinha visto no céu tanta estrela anunciando
bom tempo que, noite adentro, o Professor anda
com método, sala, quarto, cozinha, pra cá e pra lá,
fabricando, incansavelmente, cena atrás de cena,
o reencontro de Teresa Cristina com o homem, de
dia, de noite, com sol, com estrela, na rua, no
quarto, no banheiro, na cama, ela sempre bem
delineada num primeiro plano, o homem sempre
ao fundo, desfocado; e é tanta cena se sucedendo
que o Professor nem nota uma curiosidade se
intrometendo e fazendo ele se deter cada vez mais
na figura desfocada: a aparência física do homem? a
altura dele? o cabelo? ela não tinha mencionado se o
homem tinha barba, bigode, cabelo branco, será? foi
abrir o livro que ela tinha trazido pra se certificar
outra vez de que ali não havia uma foto do homem; e
o Professor nem percebe que vai dando cada vez
mais rédea pra curiosidade e que agora a vontade de
conhecer o homem já corre junto com a vontade

de falar com Teresa Cristina antes dela embarcar; mesmo por telefone, é preciso fazer ela entender que ele só qüis ajudar, e quando vê o sol de um novo dia se metendo pela fresta da cortina o Professor se sente vencedor de tudo que é receio, timidez e insegurança: vai falar com Teresa Cristina e dizer, simplesmente, que quer ir ao aeroporto dar um abraço de despedida e entregar um livro que ele tinha escolhido pra ela ler na viagem, e nessa hora ele vai usar um tom bem... bem leve... sim, porque dessa vez ele não vai falhar, ele vai mostrar pra ela que continua o velho amigo de sempre, selecionando com o maior critério esse ou aquele livro que ela deve ler, e, usando um tom leve, casual, feito ele tantas vezes tinha usado nas aulas, ele vai dizer, com certeza, este livro vai te ajudar a desenvolver um belo trabalho lá na África; ele ia ignorar por completo o que ela tinha contado do homem; ele nem ia prestar muita atenção no homem; sim, porque o homem devia querer ir também ao aeroporto levar Teresa Cristina, e era muito possível que a família dela também fosse; taí, um outro ótimo pretexto: "vim também pra rever este meu velho amigo; há quanto tempo a gente não se encontrava", e já se via abraçando o pai de Teresa Cristina e aproveitando pra olhar Octavio Ignacio sem chamar a atenção.

E agora o Professor está pronto pra ir tomar o café da manhã e depois escolher, com o maior critério, o livro que vai levar pra Teresa Cristina: ainda é muito cedo pra telefonar pra ela.

 manhã já vai alta. O Professor telefona:
— Teresa Cristina?
Ligeira pausa.
— Professor...?
— É, sou eu. — Num tom bem leve e casual.
— Que bom que seu celular está vivo. Escuta: ontem você saiu tão rápido que eu acabei nem dando pra você o presente de despedida que eu tinha aqui pra te dar.

— Mas, professor...

— É um livro ótimo, que pode te ajudar muito na viagem. Faço questão de levar no aeroporto. A que horas você embarca?

Ligeira pausa.

— Eu já estou indo pro aeroporto...

— É mesmo?! Ih, então deixa eu me apressar. Qual é a companhia?

— Mas eu estou em São Paulo: vou pegar o vôo daqui mesmo. Eu vim ontem com o Octavio Ignacio pra gente ainda encontrar o pessoal da Ong. Tô aqui com eles todos. Mas não tem pressa, professor, quando eu voltar o senhor me dá o livro. Muito obrigada, viu. Olha, eles estão me chamando. Um abraço, professor.

Ligeira pausa.

— Boa viagem, Teresa Cristina.

SEGUNDA PARTE

Os três encontros

Só quando o avião levanta vôo é que o Professor (de cabeça reclinada e olho fechado) começa a ruminar a sensação de estranheza que nos últimos dias, volta e meia, se apoderava dele, mas sempre de maneira pouco nítida: ora diluída na ansiedade, ora na frustração, ora na curiosidade, que iam se alternando dentro dele desde o momento em que desejou boa viagem a Teresa Cristina e ouviu o celular dela silenciar. Agora, afinal, a estranheza se mostra por inteiro. E ele se pergunta: que Professor é esse que não dá mais tempo ao tempo? que não consegue mais esperar

a poeira baixar, a emoção serenar? que não sabe
mais frear os impulsos que vão, um atrás do outro,
empurrando ele, até fazer ele se apertar no cinto
desta cadeira aqui no avião? que Professor é esse,
meu deus?!

À medida que o avião ganha altura, o Professor
se estranha mais e mais e começa mesmo a sentir
saudades do Professor que toda a vida ele foi. Mas
ele está cansado, seu desejo maior é dormir. Se sente
desconfortável, ensanduichado como está: é só
relaxar o braço que já cutuca o passageiro da direita,
é só afrouxar a perna que já esbarra no da esquerda.
Quer descansar. Dormir. Sonhar. Sonhar com
Teresa Cristina.

Reclina o encosto devagar pra não
perturbar o passageiro de trás; cruza os braços
e encolhe as pernas pra não incomodar os que
estão ao lado; e entrega o pensamento pra Teresa
Cristina, imaginando que, agora, longe de Octavio
Ignacio, do Brasil, de tudo, agora, sim, eles vão
conversar de outra maneira e ele vai poder ajudar

ela. Começa a imaginar como vai ser o encontro em Londres.

Era a primeira vez que o Professor saía do Brasil. Anos atrás ele tinha planejado ir à Europa numa excursão. Chegou mesmo a comprar uma valise pequena e um casaco de lã grossa e muito quente, tipo japona de marinheiro, que encontrou numa loja nas vizinhanças da Praça Mauá. A japona combinava bem com o tipo esguio do Professor. Mas ele não chegou a usar nem a japona nem a valise: desistiu da excursão. Quando experimentava usar a japona num dia de frio carioca, logo desistia: quente demais. E quando planejava qualquer viagem, acabava sempre desistindo também: concluía que era muito melhor ficar no conforto do canto dele, lendo livros e vendo filmes dos lugares que tinha pensado ir conhecer.

Mas agora está em Londres, saindo da estação de metrô em Earl's Court. É logo recebido por um vento gelado. Dezembro está recém-começando, mas o inverno já se instalou. O Professor levanta a gola da japona e consulta o guia da cidade, adquirido no aeroporto, tentando localizar na seção de mapas a rua do *Bed & Breakfast*, onde a agência de viagens, no Rio, tinha conseguido reservar um quarto pra ele. Não está interessado em descobrir Londres. Só quer descobrir Teresa Cristina. Já-já. Assim que localiza a rua do hotel no mapa, se encaminha com passos firmes pra lá. É só entrar no quarto, que marcha pro telefone. Tinha resolvido surpreender Teresa Cristina pessoalmente, mas telefonou para a Ong, querendo confirmar o endereço e os horários das tarefas estagiárias que Teresa Cristina estava prestando lá. Só abriu a valise pra tirar o livro que ia dar pra ela no Rio. Pegou o guia e saiu. Se assustou ao se informar do custo dos táxis londrinos. Voltou pra estação do metrô. Sentou num banco e estudou com atenção o sistema de trens. Viu que não tinha linha direta para a estação

Euston (a Ong ficava lá perto): ia ter que fazer uma conexão na Enbankment. Rumou pro guichê. Durante o percurso estudou de novo o guia. Descobriu que a rua da Ong era perto da British Library. Ficou pensativo. Quem sabe levava Teresa Cristina pra almoçar e depois visitavam juntos a British Library? As tais "tarefas estagiárias" não podiam ser tantas assim... e o guia incluía a British Library nas principais atrações da cidade... Teresa Cristina era tão ligada em livros, na certa ia gostar da ideia... O Professor continuou olhando pro guia, mas agora só imaginando a cara de Teresa Cristina ao dar com ele na frente dela.

O olho do Professor está grudado no relógio da parede. É hora da Teresa Cristina aparecer aí na porta, ele pensa; e o coração se acelera.

Já faz tempo que o Professor está sentado no pequeno vestíbulo da Ong esperando por Teresa

Cristina. Só ao chegar se deu conta da diferença de horários e do tempo imenso consumido em todos os percursos feitos desde a chegada no aeroporto de Heathrow. A hora do almoço já passou, os estagiários estão no curso, o curso só acaba às quatro horas.

A noite já caiu. A luz já acendeu.

Quando vê Teresa Cristina aparecendo o Professor prontamente se levanta.

É só dar com o Professor que Teresa Cristina para de estalo; o olho se arregala, a testa em seguida se franze, feito coisa que não dá pra entender o que que o olho está vendo.

O Professor se adianta risonho e, num movimento ágil, pega as mãos dela (ao entrar no prédio ele tinha passado por um espelho, e quando se olhou, assim, de japona, cachecol bem solto e um boné, achou bem jovem a figura que o espelho mostrou):

— Não está acreditando, mas é a pura verdade, sou eu mesmo. — E deu uma risada gostosa.

— Mas... o que...

— Você quer saber o que que eu vim fazer em Londres? Antes de mais nada vim entregar a você o livro que não deu tempo de entregar lá no Rio. — Estendeu um livro pra ela. — Ganhei este livro quando tinha a sua idade, Teresa Cristina, e quando li gostei tanto que mandei encadernar ele neste tom de verde que eu acho bom de olhar. Livro encadernado assim se conserva melhor nas estantes, não é? e este, como uns poucos outros, é um livro que eu sabia que ia sempre me acompanhar.

Ela leu em voz alta:

— *"Cartas a um jovem poeta."* Rainer Maria Rilke.

— Estas cartas alimentaram muito não só o jovem poeta para quem o Rilke escreveu, mas milhares de outros jovens, de todas as idades, pelo mundo afora. Tenho certeza que elas vão te alimentar também.

— Mas o senhor não deve se desfazer de um livro assim tão...

— Conforme eu escrevi aí na dedicatória que fiz, é com grande satisfação que eu passo este livro pra você.

Teresa Cristina começa a ler a dedicatória, mas o Professor faz um gesto indicando a funcionária:

— Acho que ela só está esperando a nossa saída pra ir embora também.

— Ah, é.

Saem. Atravessam o corredor de entrada, o Professor dispara um olhar pro espelho e assim que a porta da rua se abre Teresa Cristina se encolhe:

— Nossa! que gelo.

— Quando eu vim pra cá passei por um *pub* que me pareceu tão aconchegante! O fogo estava crepitando na lareira, imagina. Vamos lá tomar um copo de vinho e conversar um pouco.

Ela hesita.

— É que...

— *Mais* tarefas pra cumprir hoje?

— Não, até que não, mas...

— Então vamos. Um copo de vinho vai nos ajudar a enfrentar esse frio.

— Que delícia que é ficar nesse quentinho... — Teresa Cristina provou o vinho e suspirou. — Hmm, é bom! aquece a gente por dentro.

— Não é?

A mesa era perto da lareira e não demorou pro fogo hipnotizar Teresa Cristina. Inclinada pra frente, o copo agasalhado entre as mãos, o olho acompanhava a dança das chamas e ela se esquecia do resto, fascinada que ficou pelo fogo.

O Professor, ao contrário, empurrou de leve a cadeira pra trás e se recostou pra aproveitar melhor o alheamento de Teresa Cristina e ficar sorvendo, ora um, ora outro, o sabor do vinho e o perfil de Teresa Cristina. Foi conseguindo um enquadramento que achou perfeito: o cabelo em primeiro plano, reverberando a claridade do fogo; a tez se avivando cada vez que uma chama se projetava; o verde-musgo do suéter colorindo o colo e suavizando o furor de tudo que é vermelho que o fogo pincelava. Clique! o Professor bateu a foto mental. E nem se preocupou em procurar um título menos óbvio, batizou logo a foto de "Teresa Cristina e o fogo"; e se desligou de tudo que não fosse o gosto de ficar contemplando a foto.

Permaneceram um tempo grande sem falar. Deve ter sido até um tempo *muito* grande: os copos agora estão vazios, e nem Teresa Cristina nem o Professor têm intimidade com o álcool; é sempre em câmara lenta que eles avançam copo adentro.

É quase um susto quando, de repente, Teresa Cristina se vira pro Professor e pergunta:

— Mas não foi só pra me entregar o livro que o senhor veio a Londres, foi?

Ele se endireita na cadeira.

— Não.

Ela fica olhando pra ele esperando uma resposta. Mas ele se limita a puxar a cadeira mais pra perto dela e do fogo.

— Como é que o senhor descobriu onde eu estava?

— Octavio Ignacio me deu o endereço.

Agora ela se espanta de verdade.

— Octavio Ignacio!? — Ele faz que sim. — O senhor falou com ele? — Outra vez ele faz que sim. — Quando?

O Professor parece estar forçando a memória:

— Hmm... você embarcou domingo, não é? — Sem tirar o olho dele, ela faz devagar que sim. — Então foi na segunda. Não, não foi na segunda não, foi na terça. — Tentando um tom bem descompromissado. — Tanta coisa acontecendo nestes últimos dias, não é? A gente perde até a noção do tempo.

— O senhor... telefonou pra ele?

— Não, não; foi um encontro pessoal.

— Um encontro *pessoal?* — O Professor concorda. — Onde?

— Lá em Santa Teresa. — Ela fica ainda mais surpresa. — Naquele bar-restaurante que você disse que ele frequenta.

— O senhor foi lá?

— Fui. — Força um pouquinho mais o tom casual. — E vi ele sozinho. Lendo um livro. Sentado junto da janela. Na frente, um copo de uísque. Tudo muito parecido com o que você me contou, então achei que era ele. E fui perguntar. Ele viu o livro que eu tinha na mão... o livro que você me deu, o tal *Prisioneira...*

— Ah! o senhor leu? — O Professor faz que sim. — Gostou? — O Professor faz um gesto vago.

— ...calculou que eu fosse um leitor querendo autógrafo, confirmou que era o autor do livro e procurou onde autografar. Quando abriu o livro e viu sua letra e leu seu nome, pareceu surpreso.

Aula de Inglês

Perguntou se eu conhecia você. E eu, claro, disse que sim, há mais de um ano dava aulas de inglês pra você...

— Ele sabe. Eu contei a ele das minhas aulas.

— Pois é, pareceu que ele me conhecia. Isso me deixou mais à vontade pra sentar e conhecer ele também. — Presta atenção nos copos. Se levanta: — Vou pegar um outro copo de vinho pra nós.

— Não quero não, obrigada.

— Prefere uma cerveja? Água?

Ela faz que não. Mas o Professor acha que um *pub* tão confortável, com uma lareira tão gostosa, requer que se consuma um pouco mais.

— Quem sabe um café? Ou talvez um chá? Será que eles servem chá em *pubs?*

— Não se preocupe, Professor, eu almocei bem, não quero nada, não.

O Professor vai ao balcão pegar e pagar o novo copo de vinho. Volta pra junto de Teresa Cristina.

— Você ainda não me contou nada do que anda fazendo. Está gostando de Londres?

Ela meio que encolhe o ombro:

— Não deu pra ver quase nada... Bem que eu gostaria, mas não tive tempo. E tudo aqui é muito caro, não é? Pelo menos pro nosso real...

— É, já deu pra ver...

— Eu vim com a grana contadinha; dependo da Ong pra tudo. E o curso é rápido, mas puxado. Mas agora eles acham que eu já tô pronta pro trabalho. Embarco amanhã de manhã.

O Professor tem um sobressalto:

— Pra Moçambique?

— É!

— Mas ele me disse que você ainda se demorava aqui.

— Ele? quem? Octavio Ignacio?

— Claro! só podia ser ele. Eu não ia telefonar pro seu pai pra querer saber quanto tempo você ia ou não ia ficar aqui, não é?

— Ué: e por que não?

Aula de Inglês 141

— Porque eu não sei o que que você contou aos seu pais a respeito do Octavio Ignacio; você mesma me disse que não tinha falado dele pra sua família.

— É: não falei.

— Então? eu não quis cometer nenhuma indiscrição.

— Foi só por isso?

Era ironia o que tinha no olhar dela? Será que ela estava achando que se ele não fez nenhuma pergunta pra família foi pra não trair o interesse que ele sentia por ela?

— Claro.

— Ah, tá, mas eu pensei que o senhor tinha ido a Santa Teresa pra conhecer melhor o Octavio Ignacio e não pra perguntar quanto tempo eu ia passar aqui.

Era ironia, sim, o Professor concluiu, enquanto tomava um gole do vinho.

— Também, Teresa Cristina, também. Mas... foi só depois de conversar um bom tempo com ele que... que eu concluí que era... — O Professor começa a procurar com cuidado as palavras — ...que era importante eu ter uma conversa... franca... com você, antes de você partir pra... pra essa aventura. — Teresa Cristina vai retrucar, mas ele faz um gesto pra ela aguardar. — Eu sei que eu já disse antes o quanto eu quero ajudar você... — Outra vez ela quer interromper, mas outra vez ele faz um gesto pra ela esperar. — Eu sei também que você é muito independente e que acha que não precisa da ajuda de ninguém. Mas, Teresa Cristina, todos nós, nem que seja em raros momentos, precisamos de alguém que nos ajude. E eu acredito que você está vivendo um momento desses...

— O senhor já me ajudou demais, Professor, nas aulas todas que me deu praticamente de graça.

— Mas eu quero ajudar você mais um pouco. Embora você ache que não precisa. Eu sei muito bem que, quando a gente se envolve numa paixão feito você se envolveu, a gente fica impossibilitada de ver as coisas com clareza. — Dessa vez ela se limita a ficar olhando pra ele. — Você embarcou numa aventura perigosa, Teresa Cristina, e eu acho que, como seu amigo sincero, tenho a tarefa de alertar você para o perigo.

— Professor, eu tô indo sozinha pra África, mas sob a responsabilidade dessa Ong. Eu vou trabalhar num projeto deles, e eles não vão me abandonar se me acontece uma desgraça por lá, nem tampouco vão deixar eu passar fome ou...

— Não é *dessa* aventura que eu estou falando, é da outra; e nessa *outra* aventura você não tem proteção nenhuma: você não contou pra sua família e nem mesmo pros seus amigos, segundo ele me disse...

— *Ele?*

— Ele, sim! Ou você acha que na conversa que eu tive com esse homem você não foi o assunto principal?

— Ah, fui?

— E ele até se surpreendeu bastante ao saber que eu tinha conhecimento dessa aventura que ele viveu com você.

Agora a fisionomia de Teresa Cristina muda de expressão:

— *Viveu?*

O Professor bebe outro gole. Faz que sim com a cabeça:

— O que eu suspeitava se confirmou: *pra ele* essa aventura já cansou.

Ficam em silêncio. Depois:

— O que que ele falou? pro senhor acreditar que ele já se cansou do nosso... da "nossa aventura", feito o senhor insiste em dizer.

O Professor desvia o olhar e meneia a cabeça. Toma coragem:

— É revoltante, Teresa Cristina, o cinismo daquele homem é revoltante!

— Mas, afinal, o que que ele disse?

O Professor se inclina sobre a mesa pra olhar bem dentro do olho dela.

— Sabe o que que ele teve coragem de dizer?

E agora num tom bem explicado que torna óbvia a irritação que está tomando conta dela:

— É exatamente o que eu tô perguntando: o que que ele falou?!

Octavio Ignacio disfarçou a impaciência num sorriso zombeteiro:
— Estou vendo que, além das aulas de inglês, o senhor também presta serviços de confessor pra Teresa Cristina...
— De confessor, não: de amigo.
— ...e, já que ela também lhe confidenciou o quanto está feliz de viver o papel da Penélope, eu não entendo a sua preocupação com a partida dela. Ou é a ausência dela que está perturbando o senhor?...
— O que me perturba é ver que ela não percebe a virada que o senhor deu nessa história toda pra poder se desvencilhar dela.
— Hmm!... além de professor e confessor o senhor também se arvora em psicólogo... Então deixa eu lhe avisar: receio que nessa área o senhor não vá

conseguir me impressionar. Mas confesso que me impressionei de ver Teresa Cristina escolher o senhor como confidente. Tanto que vou até lhe fazer uma pequena confidência também: antes de exercer o meu talento profissional como escritor eu exercia como psicanalista. Tratei de dezenas e dezenas de pacientes. Mas é voz comum que eu sou um homem muito bonito e carismático, então o problema de *transferência* começou a me pesar: todos os meus pacientes se "apaixonavam" por mim, quer dizer, botando isso em termos um pouco mais profissionais: *transferiam* pra mim tudo que é fantasia e desejo que tinham. Ficou uma carga pesada demais pros meus pobres ombros; achei que, como escritor, teria mais paz. — Faz um gesto de conclusão. — Tive. — Agora de resignação. — Mas aí apareceu a Teresa Cristina. — Ergue o copo num brinde. — A ela. — Sorve um gole. — Encantadora! E mais encantadora ainda porque trouxe uma abordagem diferente pras fantasias e desejos dela. Quer dizer: inovou. O senhor há de concordar comigo: inovar é preciso, senão não se aguenta o tédio, não é mesmo?

Aula de Inglês   147

O Professor olhava pra Octavio Ignacio mas não encontrava o que dizer; e Octavio Ignacio, ora parecendo se divertir, ora parecendo levar a sério a representação de um papel, ia empilhando palavras:

— Daí ela ter me interessado ainda mais: achei original, engraçado, o pretexto que ela inventou pra se aproximar de mim. O senhor há de convir que a ideia que ela teve de desempacar meu livro, partindo de uma moça tão sedutora feito ela é, tinha mais é que me atrair. Confesse: o senhor não se sentiria atraído?

— Quer dizer que o que lhe atraiu não foi ela: foi a *ideia* que ela lhe apresentou.

Octavio Ignacio sacudiu a cabeça com benevolência:

— Meu caro professor, parece até que a experiência que o senhor já tem da vida de nada lhe serviu pra entender que são *as ideias* que alimentam um escritor. Sem mulheres, ele vive; sem ideias, ele morre de fome. Literalmente.

— E não lhe passou pela cabeça que, *aproveitando* a ideia, o senhor estava, antes de mais nada, se aproveitando de Teresa Cristina?...

— Oh, oh, oh! cuidado que agora o senhor está enveredando por um moralismo loooonge d'eu aprovar.

— E acredito que *também* não deve ter lhe passado pela cabeça o quanto ela sofreu e ainda está sofrendo com o *desfecho* que o senhor arrumou pra essa aventura amorosa?

A expressão divertida desaparece do rosto de Octavio Ignacio. Ele olha pro Professor com frieza.

— Afinal: o senhor veio pedir um autógrafo ou me interpelar sobre a minha vida privada?

— Vim apenas confirmar uma dúvida. — Octavio Ignacio continuou olhando pra ele. — Dúvida que já não tenho mais: depois de explorar a novidade de transformar a Teresa Cristina na Penélope...

— Ou a Penélope na Teresa Cristina: não se esqueça que existe também essa possibilidade.

— ...o senhor afasta Teresa Cristina pros confins da África durante um ano, achando, com certeza,

que um ano é o bastante pra ela se esquecer do
senhor. Assim. Sem mais nem menos. Pouco se
importando com o absurdo desse desfecho que o
senhor inventou pra sua historinha amorosa.

A frieza é substituída por um súbito interesse:
Octavio Ignacio cruza os braços.

— Absurdo por quê?

— Mas nem com isso o senhor se importa?! O
que que a Teresa Cristina tem a ver com esse destino
que o senhor arrumou pra ela?! Uma moça cheia de
graça e de possibilidades, cortada assim, de repente,
de tudo que sempre fez parte da vida dela, e tudo
por causa de uma paixão que deixou ela sem ver o
quanto está sendo *usada!?*

— Há quanto tempo mesmo o senhor disse que
dá aulas pra ela?

— Um ano e dois meses. E nos tornamos muito
bons amigos, pode crer.

— Viu? Eu tava certo quando disse que o
senhor, como psicólogo, não podia me impressionar.
Conviveu mais de um ano com a Teresa Cristina e

nunca percebeu o quanto ela tem de Ana Néri, o quanto ela anseia se imolar por "causas nobres". O senhor deve ser mesmo muito pouco perspicaz pra afirmar que esse trabalho que eu arrumei pra Teresa Cristina não tem nada a ver com ela. Fique sabendo que tem a ver, sim. Tem tão a ver quanto ela ter ansiado se imolar por mim.

— Ora, não me venha com comparações absurdas!

— Absurdo é o senhor e seu "sentimento tão nobre" de querer proteger a Teresa Cristina.

— O senhor está destruindo a vida dela.

Agora Octavio Ignacio se impacienta de vez:

— Ela vai fazer o que tinha mais é que fazer: botar seu grão de areia na tarefa de minorar os males desse nosso planeta tão belo e tão sacaneado por todos nós.

— Mas o senhor não tinha o direito de...

— Afinal! o que que o senhor queria? que eu alimentasse indefinidamente as ideias românticas da sua aluna? Ou será que o senhor não percebeu *mesmo* que, com a minha conduta, eu encaminhei Teresa Cristina pra uma vida maior?! Ora, faça-me o favor, senhor professor!

— A sua autocomplacência não tem limite!

— Mas a minha paciência tem, e não estou mais a fim de prolongar esta entrevista. Passar bem. — Ajeitou os óculos e retornou à leitura.

O Professor ficou um momento parado. Sacudiu a cabeça, desabafando mais pra ele mesmo do que pra Octavio Ignacio:

— Ah, vocês!! escritores! até onde vão querer manipular o imaginário dos jovens? Até onde?

Octavio Ignacio lançou um olhar de curiosidade pro Professor.

O Professor deu as costas e foi embora.

Teresa Cristina ficou aguardando o Professor contar mais alguma coisa. Não mostrava na fisionomia nenhuma reação ao que ele tinha narrado. O Professor tomou o último gole de vinho. Olhou pra ela e fez um gesto resignado:

— Você está vendo? Eu não estava enganado. Nem por um momento ele tentou me dissuadir de que esse... esse desfecho pro caso de vocês... era necessário...

Ela continuou olhando pro Professor sem dizer nada.

— ...necessário pra ele voltar pra vida dele de antes. Eu fiquei perplexo, Teresa Cristina, perplexo de ver a naturalidade com que ele encara o fato de ter usado você dessa maneira. Saí da entrevista meio tonto. Fui andando sem destino pela rua. Revoltado. E ao mesmo tempo achando que eu devia te alertar. Tanto que eu voltei lá no bar.

Nesse momento uma expressão nova surge no rosto de Teresa Cristina: estranheza.

— Voltei pra saber o nome da Ong e quanto tempo você se demorava por aqui. Ele mal me olhou quando deu as informações. Quer dizer, além de tudo, ele é uma pessoa pouco delicada: sabendo que eu sou teu amigo, amigo da tua família, não fez nada pra esconder a impaciência com a nossa conversa. — Meneia a cabeça. — Achei tudo isso tão grave, fiquei tão preocupado, que... — se detém, fica um momento olhando intensamente pra ela — ...que acabei concluindo que eu tinha que tentar fazer qualquer coisa pra... pra te alertar... — Se inclina sobre a mesa. — Pra te ajudar.

A expressão de estranheza vai se dissipando do rosto de Teresa Cristina e ela retoma a impassibilidade de antes.

Ele continua:

— E se você me permite um conselho, uma... uma sugestão... Permite? — Ela faz um gesto vago. — Fique mais um pouco aqui em Londres... Três, quatro dias que sejam. Você mesma disse que tinha tanta vontade de conhecer um pouco desta cidade. Eu teria muito prazer em lhe oferecer um hotel e o mais que você precisasse. Olhe, você querendo, eu mesmo posso tentar uma mudança de passagens junto à companhia aérea. Eu acho importante você dar uma arejada de cabeça antes de se embrenhar lá naqueles confins...

Teresa Cristina não faz nenhum comentário, não esboça nenhuma reação. O Professor pega a mão dela...

— Teresa Cristina...

...e aí ela tem um pequeno estremecimento. Se levanta, veste o casaco e pendura a alça da bolsa no ombro.

— Eu vou indo, professor, amanhã tenho que acordar cedo pra viajar. — Se inclina e aperta a mão dele. — Feliz estada aqui em Londres. — Sai.

Mais que depressa o Professor recolhe a japona, o boné e corre atrás de Teresa Cristina; alcança ela já na calçada, e o vento gelado faz logo ele se enfiar nos abrigos enquanto, ao mesmo tempo, tenta impedir os passos dela.

— Teresa Cristina, por favor, não vá agora me interpretar mal, nem ficar zangada comigo, mas...

— Eu não estou zangada com o senhor.

Aula de Inglês   155

— Me desculpa se eu te magoo contando tudo que eu contei, mas...

— Eu não estou magoada com o senhor.

— ...mas eu achei preferível você saber da verdade agora. E não depois, quando já estivesse embrenhada nesse desterro que ele arrumou pra você. Melhor...

— Professor, eu tenho que acordar cedo.

— ...melhor você sofrer uma decepção agora do que continuar essa absurda mistificação de ser uma personagem dele.

Teresa Cristina tenta seguir caminho:

— Boa noite, professor.

Mas a ansiedade que vinha perseguindo o Professor nos últimos dias, agora, afinal, se apossa dele por completo: colhe Teresa Cristina num abraço impetuoso e fala no ouvido dela, vê se entende, vê se entende, vê se entende, pelo amor de deus! E nem a japona nem o casaco de Teresa Cristina conseguem amortecer o impacto com que o corpo do Professor, ao se colar no dela, mostra toda a força de um tesão.

Durante um tempo os dois ficam assim na calçada, feito um só. Olho fechado. O dele, com força. O dela, fazendo de cortina pra não ver mais o que agora é tão claro de ver.

Ninguém que passa olha: em Londres, ninguém olha ninguém.

Teresa Cristina vai abrindo devagar a cortina; a mão que segurava a alça da bolsa ao ser comprimida no abraço se ajeita pra pegar força e empurrar o Professor, tentando, no gesto, a proeza de ser firme, de ser forte, mas de ser suave também. E quando Teresa Cristina consegue distância bastante pra olhar o Professor na cara, o olho e a voz aperfeiçoam a mesma firmeza da mão:

— Me esqueça, professor. Se o senhor *também* tem o desejo de me ajudar... me esqueça. É a maior ajuda que o senhor pode me prestar: esqueça que eu existo. Por favor.

Ficam se olhando.

O abraço do Professor vai se afrouxando, se afrouxando e libera Teresa Cristina. Ela dá as costas, caminha rápido até a esquina e dobra.

Aula de Inglês 157

O Professor permanece parado na calçada. Apenas se afasta um pouco pro lado, buscando o apoio do gradil de um prédio. Meio que se encosta nele e se encolhe o quanto pode pra dentro da japona.

O frio vai deixando ele enregelado. À medida que se dá conta da total inutilidade da viagem empreendida, e de todo o esforço, ansiedade e expectativa com que tinha alimentado o sonho do reencontro com Teresa Cristina, um imenso cansaço se apodera dele. E as últimas noites maldormidas, a viagem tão comprida, o frio, a falta de uma refeição desde a véspera e mais o efeito do vinho sem nada no estômago pra forrar de repente derrubam o Professor: a única vontade que se mantém viva dentro dele é a de se enfiar numa cama quente e dormir. Sem sonhar. Ah, sim! sem ter mais que sonhar.

Agora, sem a mais remota preocupação pelo custo de um táxi pro longo percurso de volta ao hotel, o Professor se desgruda do gradil e vai pra beira da calçada aguardar a passagem de um. Pra ele, a viagem chegou ao fim.

A última coisa que o Professor pensou quando se entregou ao sono profundo do qual só acordou manhã alta foi que nunca na vida tinha sentido tamanha exaustão. Mas nem por isso o sono poupou o Professor de pesadelos, nos quais ele se perdia nas ruas de Londres, tomadas por um nevoeiro espesso. Em cada esquina que dobrava a ansiedade aumentava, produzida pela sensação de que, cada vez mais, ele se afastava do lugar que buscava. O pé cada vez mais inseguro pra pisar no gelo, a mão tão crispada que doía. Em cada esquina que chegava o olho procurava uma placa, uma indicação qualquer, mas a neblina se adensava e era sempre a mesma coisa: as indicações eram escritas num alfabeto estranho, que o Professor olhava, olhava, mas não conseguia decifrar. Procurava

Aula de Inglês

alguém pra perguntar onde é que ele estava, perguntar, sobretudo, pra onde que ele estava indo e onde é que ele queria ir. Mas, ninguém. Ninguém passava. E tanta solidão pesava e pesava no Professor. Ao dobrar nova esquina, outra estranheza: dessa vez a placa que dava nome à rua não tinha caracteres, só tinha o rosto de um homem esculpido numa pedra. A princípio o Professor achou que era a cara dele mesmo. Chegou mais pra perto pra olhar. Concluiu que não. Continuou a buscar, será que ninguém ia passar pra ele perguntar? Mas, ninguém. Ninguém passava. E a ansiedade aumentava.

Uma amostrinha de sol se intrometeu na claridade pálida de inverno que entrava pela janela, e foi bater no chão do quarto. Quando o Professor acordou, deu com a amostra, e, enquanto ela permaneceu lá, se demorou nela o olhar do Professor. As imagens sonhadas foram sumindo na lembrança. E quando o pouquinho de sol sumiu, o Professor se levantou. Foi até a janela ver o que que existia lá fora. Manchas brancas na calçada e na rua davam a medida da neve que tinha caído durante a noite. O vazio sentido na véspera parecia agora maior. Maior no estômago também. Olhou o relógio. A hora do *breakfast* já havia passado. Fazendo o possível pra não ser agarrado pela lembrança de Teresa Cristina, o Professor resolveu tomar um banho e sair pra almoçar.

No banheiro, fazendo a barba, se sentiu outra vez assaltado por um penoso sentimento de estranheza. Que homem era aquele, ali parado, olhando pra ele? Aproximou o rosto do espelho querendo identificar cada ruga, cada pêlo branco espetado da barba por fazer que a cara em frente mostrava; o que que aquele homem estava fazendo ali, sozinho, num quarto tão frio de hotel, sem livro nenhum em volta, sem a cozinha tão a jeito de sentar e tomar café, sem a chaleira que apitava na hora que a água fervia, sem a torradeira graduada pra fazer a torrada pular certo, sem a caneca de porcelana pra ficar sentindo o calor do café na mão, sem a toalha que a mãe bordou, sem o bule

Aula de Inglês 161

que era da vó, sem a faquinha de cabo esculpido que mil vezes ele pegou, sem poder, numa virada de cabeça, ver a mesa redonda da sala preparada pr'uma aula de inglês, que homem infeliz era aquele, que não tinha nem mesmo um galho de amendoeira pra olhar?

O Professor encostou a testa na testa do homem. De espelho embaciado, não se viram mais. Ficaram assim.

Desde a véspera, desde o momento de ver Teresa Cristina desaparecendo na esquina, só o vazio tinha ficado morando dentro do Professor. Mas agora nascia uma vontade: de voltar pra casa. Logo. Depressa! E lá, na companhia de todas as pequenas coisas tão amigas e familiares, reencontrar o Professor que ele era. Antes da Teresa Cristina chegar na vida dele. E tentar se esquecer logo, depressa! daquele homem ali no espelho: protagonista de uma peça da qual o Professor tinha participado e da qual só agora começava a perceber o caráter vexaminoso e ilusório do papel atribuído a ele.

À medida que se preparava pra sair, a vontade de voltar logo pra casa crescia. Hesitou mesmo em sair com a câmera. Mas acabou concluindo que talvez fotografando a cidade ele sentisse de novo o prazer da companhia que a câmera sempre tinha proporcionado a ele. E saíram juntos.

Durante o almoço, mais de uma vez o Professor se absorveu por completo num curioso exercício de memória: de onde ele conhecia aquele rosto? O rosto esculpido na placa da rua visto no pesadelo da noite (ou da manhã?). Ele conhecia aquele rosto, tinha certeza, mas de onde?

Quando saiu do restaurante já eram quase três horas e o céu tinha a cor do chumbo. O Professor, agora com parte do vazio preenchido, resolveu tentar uma agência de viagens em busca de uma possibilidade de voltar logo pro Rio. Por mero acaso

Aula de Inglês   163

conseguiu uma troca; e depois saiu sem rumo,
disposto a olhar a cidade através da lente.

Ao dobrar uma esquina, o olho caiu na placa
com o nome da rua: Ponsonby Place. O Professor
ficou olhando pro *Place*. A imagem do pesadelo
voltou: a cara esculpida na pedra. Voltou também
a curiosidade de localizar a cara na memória.
E, de repente, o Professor se lembrou! Não só de
onde conhecia aquele homem, mas também do
nome de uma outra rua: Cromwell Place. A cara
era a de Oliver Cromwell, figura histórica da
Inglaterra. Há muitos anos o Professor tinha lido
sobre a vida de Cromwell num volume grosso,
ilustrado por gravuras da época, mostrando
Cromwell em vários momentos da vida. No
mesmo lampejo de memória, o Professor se viu
olhando um cartão-postal com vistas de Londres,
tomadas de um alto, e uma frase (escrita na letra
da tia Penny) dizendo: "...moro aqui nesta colina,
Cromwell Place...". E aí se seguia um número que
a memória do Professor não conseguiu resgatar.

Como não resgatou também mais nada do que dizia o cartão.

O Professor foi tomado por tão súbito interesse por aquele pedaço de memória, que saiu logo à procura de um lugar pra sentar e se demorar na contemplação da lembrança. Estava nas imediações do rio Tâmisa. Se apressou até lá, procurou um banco, sentou.

Por mais que forçasse a memória, não conseguiu se lembrar de mais nada do que dizia o cartão. Em compensação, se lembrou de, na época, ter achado *legal* a tia Penny morar num *place,* em vez de numa *street* ou numa *road.* Mas logo se esqueceu do *place* e do cartão. Que idade ele tinha então?... Quinze? Dezesseis? Talvez mais... Na escola todos se admiravam da fluência com que ele falava inglês... É, ele já andava até pensando em dar aulas de inglês pra poder comprar mais filmes, uma câmera melhor... A primeira, que ele tinha perdido na praia, era tão boa... Mas a outra que a mãe deu depois, não... Quanta economia ele tinha que fazer

Aula de Inglês

nos filmes!... A mesada que o pai dava era muito pequena, não era não?... Muito... Quanto mesmo?... Ah, não dava pra lembrar... Mas também não dava pra ficar ali no banco, parado... frio demais... O Professor se levantou e chegou mais pra perto do rio pra fazer umas fotos. Mas o pensamento agora queria voltar pra tia Penny, será que ela ainda estava viva? Ela era bem mais velha do que ele, não é?... Com a câmera imobilizada na mão, o Professor forçava a memória pra pescar, no mar de lembranças de uma vida, o retrato mental da tia Penny. Mas eram as lembranças de uma torta, de um bolo, de uma história contada que se mostravam com mais nitidez. Aparecia também com clareza a trança amarrada com uma fita amarela. Mas os traços fisionômicos da tia Penny tinham se desmanchado no tempo, e, pra ela não figurar assim tão sem cara, a memória infligia a ela a cara da Teresa Cristina.

Enregelado, o Professor foi se afastando do rio. Se encaminhou pra um café, pediu um capuccino e, reconfortado no ambiente aquecido, deu rédea

solta pras lembranças do passado que teimavam
voltar. Tentou se lembrar se algum dia e quando
tinha sido feliz com alguém. Não... com alguém,
não... Lembrava da irmã, do filho, da mulher, das
namoradas, da tia Penny (e agora bastava pensar na
tia Penny pra cara da Teresa Cristina se intrometer:
o cabelo, puxado pra trás, contido numa trança
amarrada com uma fita amarela); e a imaginação do
Professor se demorava fabricando cenas e mais cenas
de como devia ser a felicidade com alguém. Mas ele
tinha sido feliz, sim... com a câmera, com os livros,
com a casa, com o mar, com a floresta... Lembrou
com pena que há muito tempo não ia na floresta da
Tijuca. Era sempre bom quando chegava lá; se sentia
feliz... Era bom também estar com alguns amigos,
não era, não?... Claro que era! Quanto papo
estimulante ele tinha batido com o pai da Teresa
Cristina... Mas, por quê?... Por que que, ansiando
tanto ser feliz com uma mulher, tinha sido sempre
aquilo: uma vez o sexo apaziguado, vinha logo a
sensação de solidão se instalar entre os dois...

Aula de Inglês

O pensamento voltou pra tia Penny: e se ela ainda estivesse viva? morando ali mesmo, em Londres, quem sabe até bem pertinho de onde ele estava agora? Sentiu curiosidade de ver se Cromwell Place existia. Consultou o guia. Verificou que não só existia, mas eram vários. Ou melhor: três, cada um numa zona diferente da cidade. Olhou pra fora: a luz da tarde já ia minguando. Pensou ir na Galeria Tate, ali perto, ver os quadros de Turner e William Blake. Concluiu que era tarde. Resolveu tentar mais algumas fotos; saiu.

O céu estava carregado, parecia que ia nevar. Será que Teresa Cristina já tinha embarcado? Fotografou um banco vazio; uma gaivota pousada n'água; uma árvore franzina, sem folha nenhuma, levantando os braços pro céu, ah! tudo tão sozinho. Que nem eu, pensou. E se a tia Penny ainda estivesse viva? morando lá mesmo, numa das Cromwell Place? Se imaginou indo até lá, tocando a campainha de uma casa; de outra; explicando a Penélope que ele estava procurando; um vizinho apontando: é lá. Mas então ela ainda estava viva? Foi andando paralelo ao rio, se imaginando andando pra *lá;* batendo na porta; a tia Penny abrindo (com a cara da Teresa Cristina); não está reconhecendo o seu aluno, tia Penny? e, na cara bonita, um espanto grande, feito o espanto que ela teve quando desembrulhou o papel verde-amarelo e deu com a foto que ele tinha mandado ampliar; que bonita que você me fez! ela tinha dito, e ele tinha pensado: será que ela não sabe que é bonita assim? Absorto na possibilidade de recriar a infância, o Professor agora se perguntava com genuíno interesse: será que ela ainda faz aqueles *scones* deliciosos? e os *muffins?* e os *carot cakes?* será que ela ainda conta histórias? pra quem? E ia enquadrando a tia Penny na imaginação, ora vestida assim, ora assado, ora dizendo isso, ora rindo daquilo, mas sempre aparecendo com a cara da Teresa Cristina; e mesmo quando a "câmera" enquadrava a porta de uma casa se abrindo e uma vizinha informando, ah, sim, eu me lembro da Penélope, ela morava ali no 26, morreu já faz tempo;

mesmo assim, no caixão, mão cruzada no peito, a tia Penny tinha a cara da Teresa Cristina.

Quase automaticamente fez sinal pra um táxi que passava.

— Por favor, eu quero ir a Cromwell Place. Só que eu não sei qual.

O olho do motorista virou um ponto de interrogação.

O Professor abriu o guia e indicou com o dedo:

— Olhe aqui: tem três. Mas eu não sei qual é. Só sei que é um lugar alto, de onde se tem belas vistas de Londres.

O motorista logo concluiu:

— Então deve ser o de Highgate. Que número?

— Não sei... — Meio que se desculpando: — Pois é... — E depois: — O senhor sabe se essa Cromwell Place de Highgate é uma rua muito grande?

— Não deve ser. Naquela área, fora as vias de acesso, as ruas são pequenas.

— Me deixe na esquina, então. — Entrou, se encolheu no assento, cruzou os braços e ficou olhando a cidade passar. Tentava se interessar pelo que via, mas não conseguia; a cidade atraía ele muito menos do que a lembrança do galho da amendoeira batendo no vidro da janela da sala, que vontade de já estar lá de volta!

O percurso foi demorado. Quando saltou do táxi a noite estava caindo. E a neve também.

Cromwell Place era uma rua deste tamanhinho; de um lado e do outro, casas semelhantes.

Vendo o táxi partir, o Professor se sentiu desamparado: o que que eu vim fazer aqui, meu deus!

Depois de algum tempo tentando se concentrar no que estava fazendo, resolveu se arrancar da esquina. Escolheu uma casa. Tocou a campainha. Uma mulher de meia-idade abriu a porta e o Professor, se desculpando pela inconveniência, pediu a informação que queria, dando com precisão os dados que conhecia da tia Penny. A cara da mulher logo se abriu num sorriso:

Aula de Inglês 171

ora, quem é que ali na rua não conhecia a Penny?
E apontou a casa em frente. O Professor mal
conseguiu agradecer: tinha se entregado ao
devaneio, mas agora a realidade se interpunha,
deixando ele meio perplexo, sem saber como agir:
em vez de atravessar a rua, voltou pra esquina
(procurando um táxi?...). Depois de uma longa
hesitação, voltou, atravessou a rua devagar e ficou
um tempo parado, olhando a campainha, antes de
apertar o botão.

Uma mulher abriu a porta. O Professor
tinha imaginado tanto a tia Penny com a cara da
Teresa Cristina, que, no primeiro momento, nem se
admirou da aparência jovem da mulher. Mas a cara
dela era tão diferente da de Teresa Cristina, que logo
ele caiu na real e perguntou se podia falar com a
Penélope. Deu o nome, explicando que era um velho
amigo brasileiro. Entrou pra uma sala que cheirava
a bolo e torrada (ou era impressão?) e que estava
gostosamente aquecida. A mulher foi chamar a
tia Penny.

O Professor se livrou da câmera, da japona, do boné e examinou com curiosidade a sala, arrumada com três mesas pequenas, preparadas para uma refeição. Não demorou e ouviu um passo vacilante; se virou. A mulher que entrou na sala, e que logo parou e se apoiou com as duas mãos na bengala pra poder olhar pra ele, parecia muito velha. Magra. Curvada. Lente grossa nos óculos. O cabelo, todo branco, preso numa trança só, meio desmanchada. A velha senhora usava uma calça comprida escura e um suéter de lã grossa.

O Professor ficou parado um tempo antes de perguntar:

— Tia Penny?

Uma expressão admirada foi aparecendo no rosto dela.

— Lembra do seu *aluno* brasileiro? — perguntou em português.

A tia Penny chegou mais pra perto. Estendeu o braço até encontrar apoio na mão do Professor. O rosto foi anunciando um riso:

Aula de Inglês

— O Aluno? O Aluno? — ela perguntava. E chegava ainda mais pra perto querendo ver bem o Professor. Quando afinal se convenceu de que era ele mesmo, o riso sacudiu ela toda. — Aluno! Aluno! — ela repetia. E ficaram assim de mãos dadas, apertadas; a tia Penny se comovendo com as ondas de lembrança que batiam na memória; a cada nova onda a mão dela sacudia a mão do Professor.

Sentaram. E a tia Penny quis saber mil coisas do Rio, do Brasil, da família, de tudo. Pediu pro Professor falar português com ela. Não entendeu nada. Quando viu que tinha esquecido a língua, ficou tão triste que o Professor achou até que ela ia chorar. Mas ela logo se conformou e foi buscar o vinho do Porto no armário pros dois comemorarem o encontro. Depois, foram pra cozinha tomar chá. Lá, o ambiente era como o Professor tinha imaginado: uma velha mesa no centro; o guarda-louça antigo; as prateleiras com panelas de cobre, vidros de geléia e conserva, intercalados com livros; a porta francesa dando pra um minijardim, enquadrado no ocre desigual dos muros de tijolos que cercavam ele; o verde ainda se mostrando na hera e numa ou outra folha mais resistente ao frio.

Feito uma coisa acostumada, o Professor logo começou a ajudar a tia Penny a botar as xícaras na mesa, a encher a chaleira, a trazer o pão pras torradas, a escolher a geléia e o biscoito.

— Que nem lá no Rio, não é, Aluno? Que nem a gente fazia lá no Rio.

Enquanto preparavam a mesa, os dois iam lembrando as aulas de inglês. E quando o Professor recordou os castigos que a tia Penny aplicava a ele, ela riu até não poder mais. "E como me deliciavam as histórias que você contava", o Professor falou.

Mas as histórias que a tia Penny contou depois, durante o chá, não tinham mais a ver com reis e rainhas, nem com monstros que moravam em lagos, e muito menos com feiticeiras e tesouros encontrados em ilhas desertas. Foram histórias dela mesma, começando com a do dinamarquês

Aula de Inglês

encontrado no carnaval. Assim que chegaram na Dinamarca se casaram, mas a união foi um desastre, viviam discutindo e brigando, não conseguiam se entender, mal e mal arrastaram o casamento por três anos, e quando já estava ficando difícil um olhar pra cara do outro, se separaram e ela voltou pra Escócia. Concluiu a narrativa com uma moral:

— Não se deve confiar em namoro de carnaval.

A tia Penny então voltou a morar com os pais.

— Era uma casa grande, boa, e foi um alívio ver que eles continuavam vivendo bem um com o outro, sem brigas e sem discussão, curtindo a vida em comum.

Ficou por lá por uns tempos, trabalhando ora nisso, ora naquilo.

— Mas eu ainda era tão moça! queria demais um companheiro; achava que nunca ia poder ser feliz sozinha. Até que um dia casei de novo. — Olhou pro Professor: — E sabe, Aluno? deu errado outra vez. — Riu. — Mas deu errado diferente: dessa vez a gente nem discutia nem brigava. Ao contrário: se respeitava e era amigo. Só que ele era meio complicado e num ponto nunca cedeu: não queria filhos de jeito nenhum. E eu queria demais. Naquele tempo eu ainda achava que mulher tinha que ter filhos pra ser feliz. E eu queria tanto ser feliz de novo! assim que nem eu tinha sido com o meu marido brasileiro... — Apoiou o cotovelo na mesa, o rosto na mão e ficou olhando o jardim, já desmanchado na escuridão. — Sabe, Aluno, quando a gente vai chegando no fim da vida, a cada dia que passa a gente se lembra com mais insistência dos momentos em que foi verdadeiramente feliz. E quanto mais a gente lembra deles, mais quer lembrar, mais quer revisitar a felicidade e, assim, preencher as horas desses dias de espera.

O Professor não entendeu o que que ela quis dizer com *esses dias de espera*. Ficou aguardando. Mas durante um tempo grande ela pareceu esquecida do Aluno. Depois, com as mãos trêmulas, pegou o bule e serviu mais chá pros dois. Em seguida retomou o tom levezinho em que estava contando a vida dela:

Aula de Inglês

— Mas mesmo assim eu fiquei uns tempos casada com ele. No fundo eu sabia que nem eu nem ele estávamos lá muito felizes um com o outro, eu sonhando com os filhos que ele não queria ter, ele sonhando... com uma coisa que eu não sabia o que que era, mas me lembro que eu sentia que ele era um homem insatisfeito. Mas a gente ia tocando a vida assim mesmo. — Outra vez o olhar foi pra escuridão do jardim. — Porque a gente se habitua com as coisas, não é? e com as pessoas; a gente se habitua a viver um com o outro e fica achando que se não viver mais vai ser ruim. — Meio que deu de ombros. — Como a gente sempre acha quando tem que quebrar um hábito. — Deu um risinho antecipado, feito achando graça no que ia contar. — Mas sabe que não doeu nadinha? Ele me cutucou no meio da noite e, sem acender a luz nem nada, perguntou, te acordei? Eu disse, claro. Desculpa, mas eu achei importante. O quê? Te dizer que é melhor a gente se separar. Por quê? Pra gente ficar mais livre. Pra quê? Pra buscar o que a gente quer. Onde? Sei lá. Mas você sabe o que você quer? Não muito. E dá? O quê? Sair procurando sem saber o que, nem onde? Só experimentando. Ah, isso é. E você? O quê? Não tá a fim de ir atrás? Do quê? Do que vai te fazer mais feliz. Será? O quê? Que vai mesmo me fazer feliz? Só experimentando. Mas pra experimentar a gente tem que primeiro achar. Mas pra achar tem que primeiro procurar. Mas pra procurar a gente tem que ficar livre. Então? O quê? Não é melhor começar? A procurar? A ficar livre. Pode ser. Então a gente se separa, tá? Tá. E a gente se separou. — Suspirou. — Aí eu voltei outra vez pra casa dos meus pais. A casa tinha um jardim lindo, era tão bom! Sempre precisei de um jardim, nem que fosse um pequenininho assim. — Espichou o queixo pro jardim. Acabou de tomar o chá de olho perdido lá fora. — Elas têm me acompanhado muito. As plantas. — Outra vez ficou quieta lembrando. Depois se virou: — Você comeu tão pouco! Não gostou?

— É que eu almocei tarde. Mas tá tudo uma delícia. Como naquele tempo.

Aula de Inglês 179

— Ah, mas lá no Rio você limpava tudo que é prato que eu botava na sua frente.

— Quase sessenta anos depois a gente já não é mais o mesmo...

— Ah, isso é. — Ela se recostou na cadeira.

— Sessenta anos... — Ficou balançando a cabeça.

— Uma vida... — O Professor fez que sim. — Você estava recém se preparando pra viver, mas eu não: a morte já tinha levado embora o meu grande amor. — Deu um risinho curto. — Ah, mas eu me vinguei dela: "Você se apossou do meu brasileiro querido, não é? Pois fique sabendo que eu vou tomar ele de volta pra mim!" — Levantou a cabeça num gesto de desafio; olhou pro Professor. — E nunca mais me separei da lembrança dele, nem dos dois anos que vivemos aquele amor tão intenso. — O olho já estava de novo na escuridão do jardim, onde ela parecia sempre enxergar melhor o passado. — Hoje eu acho que quando era mais moça eu não fazia muito uso dessa lembrança. Guardava ela só pras horas de desânimo. Feito as que eu tive nos meus outros dois casamentos.

E nos casos que andei tendo. Sempre querendo renovar a felicidade de viver um grande amor. Mas nunca conseguindo chegar nem perto de realizar minha expectativa. — Ficou quieta.

O Professor, sem nem perceber, já tinha entrado no clima de quando era criança: queria ficar ouvindo a tia Pennny contar histórias.

— E aí?

— Aí eu trabalhei em vários lugares: morei aqui em Londres nesta rua mesmo, alugava um quarto numa casa ali da esquina, trabalhei no Museu Britânico, depois voltei pra Escócia, passei uns tempos por lá, mais tarde arrumei trabalho numa galeria de arte no sul da França, morei cinco anos lá, meu pai morreu, minha mãe ficou muito abalada, voltei pra Escócia, fiz companhia pra ela, e um dia, quando fui escovar-dente-na-frente-do-espelho, me dei conta de que o tempo tinha passado. Tinha passado o tempo de ter filho e tinha passado o tempo de querer renovar o "grande amor"...

— Esse tempo *passa?*

Aula de Inglês 181

A pergunta interrompeu por um momento o fluxo de lembranças. A tia Penny olhou pro Professor.

— Por quê? você acha que não passa?

O Professor se limitou a um gesto vago.

— Em mim, passou. Mas, sabe, Aluno, só anos depois é que eu descobri por que que tinha passado.

O Professor ficou olhando interessado pra ela e pra maneira como o olhar e os ombros se mobilizavam pra reentrar na escuridão do jardim.

— Passou porque... sem perceber, mas sem perceber *mesmo*, eu tinha me habituado a ser feliz sozinha. Enfim eu me dava conta de toda a variedade de coisas pequenas (às vezes nem tão pequenas), coisinhas de todo dia que eu gostava de fazer, feito mexer com planta, cozinhar, contar e ouvir histórias, ir a um cinema, um teatro, um museu; eu gostava tanto de ler e de me encontrar com os amigos pra uma conversa, uma bebericação, uma fofoca, e agora eu descobria que cada vez que eu fazia uma coisa dessas eu estava cumprindo o meu destino de ser feliz. E tudo isso acontecia sem precisar viver com ninguém.

Sabe? concluí que a gente é programada demais da conta pra ficar sempre pendurada nos outros; é treinada desde pequenininha pra achar que, quanto mais a gente se cerca dos outros, mais feliz a gente é. — Deu um leve encolher de ombros. — E eu passei grande parte da minha vida acreditando nisso. E sempre procurando reencontrar nos outros a felicidade que um dia eu tive e a morte me roubou. E aí foi acontecendo uma transformação dentro de mim. Veio naturalmente, eu não busquei nem planejei nada, mas foi acontecendo. Cada ano acontecia mais. Eu buscava na minha relação com as coisas o que toda a vida eu tinha buscado apenas na minha relação com os outros. — Outra vez o riso curto. — E acho que as coisas entenderam esse namoro que eu quis ter com elas: começaram a se dar pra mim. — Olhou pro Professor: — Entende?

O Professor se limitou a sorrir. Ela continuou a auto-história:

— Não são só as pessoas que sabem retribuir o que a gente dá pra elas. Nem só os bichos.

Aula de Inglês 183

Nem mesmo só as plantas. As coisas também. A casa. Os móveis. Os objetos. A roupa. Os adornos. Tudo tem uma vida própria: cada coisa é o que é; e os anos foram me mostrando que quanto mais atenção a gente presta nelas mais elas respondem, retribuem, cada uma ao seu jeito, fazendo com que a gente se sinta cada vez mais acompanhada quando vem pra perto delas. É bom se sentir acompanhada, não é? aquece a gente por dentro. – Outra vez olhou pro Professor. Ele assentiu com a cabeça. – É claro que nós vamos poder nos aquecer ainda mais se terminarmos aquele vinho do Porto que começamos a tomar lá na sala. – Faz menção de se levantar.

– Deixe, tia Penny, deixe, eu vou lá pegar.

– Traga na bandeja, é melhor. Aquela bandeja me acompanha desde que a mamãe morreu. – Levanta a voz. – Fiquei tão algariada com a sua visita, que só tomei um gole do vinho.

O Professor voltou com a bandeja e colocou ela na frente da tia Penny.

— Sirva você mesmo, Aluno: eu tenho que fazer um esforço muito grande pra manter a mão firme. — A voz não fez nenhuma transição pra continuar contando: — E aí, um dia, a minha mãe morreu e eu resolvi vender a casa e vir morar em Londres. Eu sempre gostei desta cidade, sabe? E se eu já gostava quando estava sempre procurando alguém pra amar, agora, que eu amava tanta coisa, eu quis ficar nela, na cidade, pra amar ela também. E aconteceu outra vez: a cidade respondeu, retribuiu: me fez feliz aqui. — Ergueram os cálices brindando um ao outro. — Conheci Highgate quando era mocinha e vim visitar o famoso cemitério que tem neste bairro; você já foi lá? — O Professor fez que não. — Ah, é um espaço muito bonito! tanto verde, tantas árvores! tem muita coisa lá pra curtir, tem até a sepultura do Karl Marx. — O Professor sorriu e sorveu um gole do vinho. — E, quando saí do cemitério, eu entrei no parque que fica logo ali juntinho, o Waterlow Park; você já foi lá? — Outra vez o Professor sacudiu a cabeça. — Ah, você tem que ir. Quer dizer, agora eu

Aula de Inglês

não sei se você vai gostar, é inverno, as árvores estão tristes. Mas quando eu fui lá pela primeira vez era o começo do outono e tudo em volta explodia em amarelos e vermelhos e laranjas, você precisava ver. Quando saí, fui subindo a rua e me encantei com as vistas de Londres. Você sabia que nós estamos num dos pontos mais altos da cidade? — O Professor fez que não. — Pois é, então eu me lembro que eu pensei, taí, se eu pudesse morar em Londres, eu morava aqui. Então, quando eu vim trabalhar no Museu Britânico, fiquei morando ali na esquina; e mais tarde, quando vendi a casa lá em Glasgow, resolvi procurar casa própria aqui mesmo. E acabei encontrando esta, na mesma rua! Isso já faz mais de trinta anos, naquele tempo a gente ainda encontrava uma casa boa assim, que dava pra comprar. Hoje em dia, qualquer coisa nesta área custa um dinheirão. No Rio também? tá caro assim?

— Também. Mas não como aqui.

— E aí eu organizei a minha vida bem direitinho, sabe, Aluno? Com o dinheiro que sobrou fiz uma obra na casa. — Apontou pro lado. — Ali era uma sala de refeições que já tinha um banheirinho anexo. Então eu logo transformei aquilo numa suíte pra mim. Pra ficar bem junto da cozinha e desse jardinzinho. Você sabe que eu não fico sem mexer com panela e planta. — Fez um gesto que abrangia todo o espaço. — Fiz disso aqui meu castelo. E o resto da casa... — Apontou pro teto. — Sabia que tem quatro quartos lá em cima? Pois tem. Então fui preparando tudo aos poucos pra fazer aqui um *Bed & Breakfast*.

— Eu estou num.

— Ah, é?

— Lá em Earl's Court.

— É bom?

— Não sei. Quer dizer, acho que é.

— Na verdade, isto aqui é mais um *Guest House* do que um *Bed & Breakfast*. Só com quatro quartos pra hóspedes, não é?... Mas, sabe, levei uns bons cinco anos ajeitando esse trabalho pra mim. No meio do caminho o dinheiro acabou. Então, ora eu trabalhava num museu, ora numa livraria, ora numa loja. Mas foi ficando cada vez mais difícil arrumar emprego depois de uma certa idade. Quando chegava em casa, eu trabalhava também na reforma da casa. Fiz mais banheiros lá em cima; aqui embaixo eu tirei metade da sala e fiz outra cozinha. Tudo isso pra ficar independente aqui no meu castelo: os amigos chegando podiam logo se acomodar aí nesse cantinho onde você está, perto das plantas, dos meus biscoitos e das minhas tortas. Não é gostosa a minha cozinha?

— Demais.

— Pois é. Aí, um dia, quando me despediram de uma livraria, dizendo que não era recomendável pra uma pessoa da minha idade ficar tanto tempo de pé, eu achei ótimo! Fora ter que limpar os quartos e preparar o *breakfast* pros hóspedes (quase sempre uns cinco ou seis), eu ficava com o resto do tempo livre pra amar a cidade, pra descobrir os encantos que ela tem, pra entrar e sair de tudo que é galeria de arte, museu, parque, biblioteca, todas essas coisas que aqui a gente tem de graça. Foi muito bom mesmo. E assim o tempo passou. Um dia peguei uma pneumonia e nunca mais me recuperei direito. No inverno a minha saúde sempre piora, sabe? Mas, fora isso, tenho sido muito feliz. — Se recostou na cadeira, deu um suspiro satisfeito e sorveu um bom gole de vinho.

— E aquela moça que me abriu a porta?

— Ah! a chegada dessa hóspede aqui em casa foi outra sorte que eu tive.

— Conta.

— Só se você se servir de outro cálice.

— Mas esse vinho é pesado, tia Penny.

— Pra comemorar nosso encontro tão lindo.

— Você me acompanha?

— Que dúvida!

Desta vez o Professor se impressionou com a dificuldade com que a tia Penny firmava o cálice, segurando ele com as duas mãos, o corpo se vergando no esforço. Por um momento teve a impressão-quase-certeza de que bastaria um abraço

Aula de Inglês

pro corpo dela se quebrar, tamanha a fragilidade que parecia ter. E se lembrou do abraço que, em criança, ia revelar pra ela o que as palavras não tinham podido dizer. Se viu como naquele dia: o blusão azul de zíper protegendo o abraço que ele ia levando.

Depois de outro bom gole a tia Penny se ajeitou melhor na cadeira e retomou a contação de história com uma voz surpreendentemente animada:

— O trabalho que eu inventei pra me sustentar (este pequeno *Guest House*) deu pra não ter que depender de ninguém nem ter que pedir dinheiro emprestado. E ainda me proporcionou tempo pra amar a cidade, as coisas de que eu gosto, as pessoas que eu encontro e tudo que é árvore aí do parque onde eu vou caminhar. Quer dizer, onde eu ia. Nestes últimos anos já não saio mais de casa. E agora que... — Se deteve: por que contar pra ele que a vida dela estava por um fio, a doença já numa fase terminal, por quê? Por que trazer a morte pra se meter neste momento tão vivo, ela e o Aluno ali juntos, tão bom que estava! E tão presente também que estava a lembrança do Rio, do céu azul, da praia, do chão tão lindo de onde tinha brotado o grande amor da vida dela...

Feito coisa que a pausa na narrativa fazia parte da história que estava sendo contada, a tia Penny retomou o mesmo tom de voz anterior:

— E agora então que eu fiquei velha, estou apreciando mais do que nunca a sorte que eu tive já faz alguns anos. Você prestou atenção na moça que abriu a porta, não é?

— É parente?

— Não, não: um dia ela veio pra alugar um quarto. É enfermeira, trabalha num hospital aqui perto. Veio da Escócia também; de um vilarejo deste tamanhinho. Sempre sonhou morar numa cidade grande. Chegou dizendo que só ia ficar uns dias até encontrar, num outro local de aluguel mais barato, um quartinho pra alugar. Fiquei com pena: tinha gostado dela. Mas poucos dias depois ela me apresentou uma proposta maravilhosa. Disse que

Aula de Inglês

estava adorando o quarto dela. É o melhor quarto da casa, sabe? tem banheiro junto e uma bela vista. E bate sol. Quando tem. E aí, imagina só, me propôs se encarregar do *Guest House* em troca de continuar aqui de graça. Ela só pega no serviço às onze, de modo que dá muito bem pra tratar do *breakfast* e arrumar os quartos. E nos dias de folga ela faz as compras e dá uma geral na casa. E como também foi criada pra trabalhar ela tira isso tudo de letra e ainda sobra tempo pra ela sair, se divertir e namorar. Hoje ela está de folga no hospital, tô admirada de ainda não ter saído. Ela me confessou outro dia que esse foi o melhor arranjo da vida dela. Que mais eu podia querer, não é, Aluno? Ficar aqui sossegada no meu castelo e ela tratando do *Guest House:* um arranjo dos deuses!

— É... tô vendo que vocês se organizaram muito bem aqui neste charmoso canto do mundo...

— Eu nunca pedi nem peço, mas muitas vezes ela vem pra um dedo de prosa, enquanto faz um bolo, uma torta, uns biscoitos. Olha, esses aí, foi ela que fez. Eu adoro quando tá frio e ela vem, prepara a lareira aqui da cozinha e só sai quando o fogo tá crepitando. Então eu apago a luz, fico olhando pro fogo e chamo o teu tio. Passamos horas juntos. Já sei de cor e salteado cada momento que eu vivi com ele. E, quando ele chega, a única coisa que eu tenho que resolver é o pedaço que a gente vai reviver. — Ficou pensativa. — Que pena que justo hoje, que tá tão frio, a lareira não tá funcionando.

— Mas tá tão quentinho aqui dentro!...

— Ah, sim, o aquecimento tá ligado, eu já não tenho mais resistência pro frio, mas só de olhar o fogo crepitando numa lareira a gente já se sente contente, não é? — Suspirou fundo. — Então é isso, Aluno: uma vida.

Ficaram silenciosos durante um bom tempo. Depois:

— Você se demora aqui em Londres?

— Volto amanhã.

— Já? Ah... Faz tempo que você chegou?

Aula de Inglês 193

— Ontem.

A tia Penny se virou pra ele espantada:

— E já vai embora?

— É que eu... já acabei o que eu vim fazer, tia Penny.

— Então, não foi viagem de prazer...

— Não.

— ...foi de negócios, não é? Cada vez mais é tudo uma correria. Mas você já conhecia Londres?

O Professor fez que não.

— Não? E não dá pra você ficar mais um pouquinho e conhecer a cidade?

O Professor se imaginou dizendo: não quero! não quero conhecer ela melhor, não gosto dela! quero voltar pro Rio, quero voltar pra casa. Mas se ouviu dizendo:

— Infelizmente não vai dar. Preciso voltar.

— Ah! que pena... — ruminou um pouco o pesar. Depois se consolou: — Que coisa tão linda, Aluno! Você, só com dois dias aqui, ainda arranjou tempo pra vir me ver. — Se inclinou sobre a mesa e apertou a mão dele com afeto. — Obrigada, viu? essa visita está sendo um prazer tão grande pra mim.

O Professor retribuiu o aperto afetuoso de mão.

— Pra mim também, tia Penny, está sendo o meu melhor momento aqui.

— Você não me contou nada do Brasil, da sua vida lá...

— Não tenho muito o que contar. Graças a você, me tornei professor de inglês. Um dia me casei, tive um filho, me separei, ele foi morar com a mãe nos Estados Unidos, temos pouco contato... — Meio que deu de ombros. — E depois foi aquela coisa, não é? um caso aqui, um namoro ali, uma mudança acolá... Nada que dê uma boa história.

Ela riu e soltou a mão pra poder endireitar as costas.

— Mas na minha vida também: não tem nada que dê uma boa história; e eu fiquei contando ela toda pra você.

Aula de Inglês 195

— Ah, mas nós temos que manter a nossa tradição: você sempre adorou *contar* histórias, e eu sempre adorei *ouvir*.

— É... naquele tempo você já era um menino assim... mais pra quieto, mais pra dentro de você mesmo... Você gostava era de fotografar...

— Ainda gosto. — Fez um gesto de cabeça. — Ela tá lá na sala com o casaco: a câmera. Me acompanha sempre.

— Lembra daquela fotografia que você tirou de mim na praia? Está no meu quarto. Emoldurei ela quando cheguei. Ela também: me acompanha sempre. — O Professor parecia em dúvida. — Você não tá lembrado da foto? — Ele teve vontade de se lembrar da cara da tia Penny quando moça. Fez que não com a cabeça. — Tá em cima da cômoda, vai lá ver.

Ia ser bom pensar na tia Penny, quando moça, com a cara dela mesma e não mais com a cara da Teresa Cristina... Se levantou.

— Não faça cerimônia; a porta está fechada por causa da corrente de ar. A luz é logo à esquerda.

O Professor se encaminhou pro quarto, abriu a porta e acendeu a luz. Logo o olho bateu na foto emoldurada. Se aproximou da cômoda relanceando o olhar em volta; se via logo, e por todos os detalhes, quanto de dedicação aquele quarto tinha recebido pra poder retribuir assim com tamanha atmosfera de aconchego. Se demorou um tempo contemplando a foto. E se, por um lado, o coração se apertou ao comparar a tia Penny do passado com a tia Penny do presente, por outro se sentiu esperançoso de agora poder, no futuro, se lembrar dela assim, no passado. Na volta pra cozinha, ao apagar a luz e fechar a porta do quarto, não conseguiu segurar as palavras:

— Não foi à toa que eu me apaixonei por você!

— O quê?

O Professor se sentiu meio vexado. Mas em seguida pensou: por que não? Por que não contar? Se, de repente, ele sentia vontade de relembrar em voz alta o que ela tinha significado pra ele, por que não? Sentou e tomou o último gole do vinho, feito querendo ajuda pra dissipar qualquer dúvida.

Aula de Inglês   *197*

— Eu disse: não foi à toa que eu me apaixonei por você. No momento em que você chegou lá em casa eu me impressionei com a sua beleza, e depois, no decorrer das aulas que você me dava, eu fui me apaixonando mais e mais por você. No dia em que eu fiquei um tempo imenso lá na praia enquadrando você pra foto que eu queria fazer, eu tomei consciência de que você era o meu primeiro amor. O meu primeiro e grande amor. Daí em diante eu vivi intensamente o deslumbramento da sua presença na minha casa. E consegui até virar em volúpia os castigos que você me aplicava quando, embevecido na sua pessoa, eu me esquecia de prestar atenção no que você me ensinava. E a tal ponto eu fui me entregando a esse fascínio, que, lá pelas tantas, eu já não tinha a menor dúvida de que eu ia percorrer rapidinho os anos que me separavam de você e, assim que eu chegasse lá, quer dizer, assim que eu deixasse de ser criança, eu ia assumir o posto que o meu tio tinha deixado vago: você. Agora, imagine só o choque que eu tive quando vi e ouvi você declarando que estava nos deixando pra se casar com um dinamarquês que tinha encontrado no carnaval! Só quis morrer. Mas, decidido a, pelo menos, te fazer entender tudo que eu sentia por você, eu quis te dar um abraço de despedida no aeroporto. Mas nem isso foi possível: você se atrasou no Pão de Açúcar, lembra? chegou no aeroporto correndo, mal me olhou. E eu sofri calado durante muitos meses a minha grande desilusão amorosa. — Meio que riu querendo aliviar o desfecho da história.

A tia Penny estava encantada. E também comovida.

— É mesmo? — ela perguntou. Talvez até com a esperança de que, pra reafirmar a verdade da história, ele contasse ela outra vez.

O Professor fez que sim. E aí a fisionomia dela se entristeceu:

— Ah! que pena que eu estou tão velha. Eu fui tão feliz com o meu marido brasileiro, que se eu não estivesse velha assim eu ia adorar experimentar um outro.

Se olharam. Sérios. Mas depois começaram a rir. E foi com prazer e alegria que lembraram certas passagens da temporada que ela ficou morando com a família dele no Rio.

Quando o Professor, afinal, se levantou pra ir embora...

— É cedo, Aluno.

— Já cansei você bastante, tia Penny...

— Ah! se todos os meus cansaços fossem assim tão bons...

— ...e eu me confesso meio cansado também.

A tia Penny se levantou com dificuldade e logo se apoiou na bengala:

— Acompanho você até a porta.

— Não, tia Penny! Não precisa.

— Faço questão.

Na sala, ao abotoar a japona, o Professor se lembrou mais uma vez dele criança, vestindo o blusão azul que abrigava o abraço. E tão nítida desta vez foi a lembrança, que, agora, sem correria pra aeroporto nenhum, com calma, ele quis dar o abraço de amor que não tinha dado e que, uma vida decorrida, se transfigurou também. Com cuidado, tomou a tia Penny nos braços. E, sem coragem de apertar tanta fragilidade, foi assim, envolvendo ela de leve, que entregou o abraço, agora todo feito de ternura.

Se demoraram um bom tempo abraçados.

O Professor pendurou a câmera no ombro e saiu fechando a porta.

A tia Penny ficou parada no meio da sala, curvada sobre a bengala. Aos poucos, foi assimilando o prazer proporcionado pela visita inesperada. E concluiu num suspiro: que belo fecho pra minha vida, esta visita. Não tinha imaginado ter um final assim tão feliz.

O EPÍLOGO
(n.º ☒)

Um dia, o Professor recebeu pelo correio um envelope com um selo que, a princípio, não identificou. Abriu. Encontrou dentro duas páginas escritas à mão; a primeira com tinta azul, a outra, uma xerox. Mesmo com a lembrança da Teresa Cristina já derretida pelo tempo, o Professor logo reconheceu a letra dela.

"Caro professor
Nos falamos pela última vez em Londres, quando o senhor me deu o livro do Rilke, que, por sinal, virou um belo companheiro aqui neste meu 'exílio' do Brasil. Na ocasião, pedi

para o senhor esquecer que eu existia. E pode parecer incoerente que hoje eu mesma resolva me fazer lembrada. Mas achei que, em alguns momentos, o senhor deve ter sentido vontade de saber o que que estava acontecendo comigo nesses dois anos que já se passaram. E como durante todo esse tempo eu mantive um diário, do qual ia enviando cópia para o Octavio Ignacio, hoje – que já não sou mais a Penélope, nem a Prisioneira e nem mesmo a Teresa Cristina que o senhor conheceu –, e no momento em que eu não vejo mais sentido em continuar alimentando o hábito de escrever 'relatórios de mim' para o Octavio Ignacio, resolvi enviar para o senhor uma cópia da última página que mandei para ele.

Desejo ao senhor saúde e paz.

Um abraço amigo da sua aluna Teresa Cristina, que será sempre grata por tudo que aprendeu nas suas aulas."

Aula de Inglês 205

O Professor releu a carta. Agora mais devagar. Depois, leu a cópia do diário que, obviamente, era apenas um trecho do tal 'relatório':

"...não quero que você pense que só agora estou compreendendo que o que eu senti por você não tinha muito a ver com o que você sentiu por mim. A vida que eu levo aqui na África não só está me ensinando muita coisa dos outros, mas de mim também; e me ensinou, entre tantas outras coisas, a avaliar melhor o nosso caso e compreender que, se você aprendeu comigo uma nova modalidade de desenvolver uma personagem, eu aprendi com você a força que uma paixão pode ter. Tuas últimas notícias (sempre tão raras e curtas...) diziam que teu novo livro estava chegando ao fim. Imagino então que já esteja pronto. Mais uma razão para eu encerrar meus 'relatórios' aqui. O tempo e o contato diário com tanto sofrimento e tão extrema pobreza estão modificando por completo a minha maneira de ver e sentir a vida. Hoje posso te dizer com certeza que me envolvi de tal forma no trabalho que estamos desenvolvendo aqui (eu não tinha idéia do quanto faz bem poder exercer para valer esse negócio que a gente chama de solidariedade), que eu não tenho mais vontade de voltar para a minha vida de antes. Mesmo sentindo saudades da minha família e dos meus amigos, eu sinto que agora pertenço a essa solidariedade que eu descobri em mim aqui. E sei que no dia em que eu voltar para o Brasil vai ser para prosseguir nesse mesmo caminho que comecei a trilhar por aqui.

Você me pareceu satisfeito com o seu novo livro. Espero ter contribuído para o sucesso dele... Da mesma maneira que você também me ajudou, me mostrando o quanto uma paixão (*quando* alimentada) pode ser uma coisa do céu!... Abração! junto com meus votos de que bons personagens te acompanhem sempre. Teresa Cristina."

O EPÍLOGO
(n.º 2)

Quando, lá em Londres, o Professor liberou Teresa Cristina do abraço tempestuoso com que colheu ela na rua, logo apreendeu o caráter definitivo daquela liberação. A partir daí, nunca mais alimentou qualquer desejo, qualquer expectativa, nem mesmo qualquer dúvida a respeito de Teresa Cristina. Só uma atitude se tornou necessária: fazer o que ela tinha pedido: esquecer que ela existia.

Outra vez no Rio, cortou qualquer possibilidade de voltar a se encontrar com Octavio Ignacio ou mesmo com o pai de Teresa Cristina; nunca mais cogitou subir a Santa Teresa; e se era preciso dar uma volta comprida pra não ter que passar por algum restaurante ou livraria que o pai de Teresa Cristina freqentava, não hesitava em dar. Nas duas ou três vezes em que o pai telefonou, sugerindo tomarem um chope ou um café, afinal de contas, nunca mais tinham se visto, ia ser bom estarem juntos de novo, mais que depressa o Professor deu uma desculpa e desligou, pra que não houvesse nem tempo de introduzir Teresa Cristina na conversa.

Dois anos depois, os vestígios da passagem de Teresa Cristina pela vida do Professor, se não apagados de todo, já não doíam mais, e a rotina tranquila de todo dia se reinstalou na vida dele.

Uma tarde, atravessando o Largo do Machado, se lembrou de um livro de referência que andava procurando e entrou numa livraria próxima. Pergunta daqui, examina de lá, acabou encontrando o livro. A caminho do caixa, relanceou o olhar pelo novos lançamentos. Lá estava *O mito de Penélope.* O Professor parou e ficou um tempo olhando o livro antes de pegar ele pra examinar.

Aula de Inglês 211

Na quarta capa, de alto a baixo, Octavio Ignacio
olhava pra quem olhasse pra ele; e então ficaram se
encarando, enquanto o Professor se esforçava pra
empurrar a curiosidade pro fundo mais escondido
e escuro do eu dele. Depois, cuidadosamente,
repôs o livro no exato lugar onde estava e, já saindo
da livraria, foi agarrado pelo braço:

— Mas que feliz encontro! nem dá pra
acreditar!

Era o pai de Teresa Cristina. Mais moço que o
Professor; risonho, exuberante; ostentando uma
camisa esporte de malha adesiva, feita a calhar pra
que todo o excesso de barriga e peso se mostrasse
sem pudor; na fisionomia, os traços marcantes que
Teresa Cristina herdou.

— Por onde você anda enfiado, homem?

— Dando aula, dando aula; uma porção de
alunos novos.

— Sabia que a sua ex-aluna continua lá?

O Professor já ia perguntando, na África? mas
a repressão de qualquer curiosidade em torno de

Teresa Cristina já estava tão sedimentada, que o Professor se limitou a ficar aguardando.

— Primeiro passou um ano em Moçambique, depois foi pra Angola, depois pra Guiné Bissau, e agora telefonou dizendo que está voltando pra Angola: a tal Ong vai reforçar o trabalho que implantou lá e botou a Teresa Cristina pra administrar tudo. — Segurou os dois braços do Professor: — Vê se pode, meu querido, vê se pode: a minha linda filha, a minha sedutora Teresa Cristina, metida lá no meio daquela miséria, daquela fome, daquela violência, daquele calor infernal, daquilo tudo que o Rio tem bastante, mas que, pelo jeito, ela ainda quer mais; e você não vai acreditar no que ela disse — sacudiu o Professor —, você não vai acreditar! Disse que nunca se sentiu tão bem com ela mesma feito agora, vê se pode! Disse que sente saudades nossas, mas não pretende voltar tão cedo, tá bem? Disse que o volume de trabalho é grande, mas que os resultados estão aparecendo. — Outra vez sacudiu o Professor. — E você precisava ver, homem, você precisava ver o entusiasmo dela!

parecia que ela tava me contando que tinha acertado na loteria; e repetia a toda hora sabe o quê? sabe o quê? que agora sim, ela tá crescendo, tá virando gente, tá vendo que a vida dela pode ter um significado maior. Ah! disse outra coisa também. Falou que um dia, UM DIA! vai voltar. Mas pra continuar aqui o trabalho que ela tá realizando lá. Vê se pode! se convenceu mesmo de que está vivendo uma vida maior. Pelo jeito, lá naqueles fundões, se esqueceu dos prazeres da vida; pelo jeito, se esqueceu até da tal paixão que uma amiga dela nos contou que foi a causa dela ir pra lá. E dizer que é no meio de um desastre social que ela tá virando gente! que que é isso, meu deus?! você pode me explicar? – E ficou aguardando um pronunciamento do Professor que, pensativo, se limitou a fazer um gesto vago e dizer:

— Se ela está feliz...

O pai de Teresa Cristina soltou o Professor e levantou os braços, exclamando:

— Mas aí é que está! Ela fala com convicção... com... sei lá! serenidade; diz: pai, eu não sabia que a

gente podia fazer essa diferença na vida dos outros,
na vida até de um vilarejo inteiro. Mas a gente tá
fazendo, pai, tá fazendo! e isso é bom demais. Lá!
Lá! Isolada! Cercada de tudo que a gente faz tudo pra
não ver. Tão linda que ela era! e ainda por cima
minha filha. Dá pra entender?! Pra mim é um
mistério profundo que só mesmo um chope
bem gelado pode ajudar a explicar.
Vamos lá! — Travou o braço
no do Professor e
arrastou ele
calçada
afora.

FIM

Pra você que me lê

Aqui venho de novo conversar contigo, neste espaço que é só nosso, pra te contar que na etapa final deste meu trabalho fiquei sem saber qual dos dois epílogos que eu tinha escrito pro livro eu devia escolher pra encerrar *Aula de inglês.* Os dois fecham a história mais ou menos da mesma maneira: já um tempo razoável decorreu desde a última cena do livro e as feridas passionais abertas nos meus personagens estão praticamente cicatrizadas.

Mas deixa eu te contar: lendo os dois epílogos (como já te disse antes, num outro *Pra você que me lê*, eu sempre gostei de epílogos), concluí que quem devia escolher este ou aquele é você.

Então, aqui te deixo os dois momentos em que
o Professor fica ciente do que aconteceu
com Teresa Cristina depois que os
dois se separaram lá em Londres.
Quero que você fique com
o momento que
preferir.

Até nosso próximo encontro —

Lygia —

OBRAS DA AUTORA

Os Colegas - 1972
Angélica - 1975
A Bolsa Amarela - 1976
A Casa da Madrinha - 1978
Corda Bamba - 1979
O Sofá Estampado - 1980
Tchau - 1984
O meu Amigo Pintor - 1987
Nós Três - 1987
Livro – um Encontro - 1988
Fazendo Ana Paz - 1991
Paisagem - 1992
Seis Vezes Lucas - 1995
O Abraço - 1995
Feito à Mão - 1996
A Cama - 1999
O Rio e Eu - 1999
Retratos de Carolina - 2002
Aula de Inglês - 2006
Sapato de Salto - 2006
Dos Vinte 1 - 2007
Querida - 2009
Intramuros - 2016

3112

Este livro foi composto na tipologia Centaur, no corpo 13,5.
A capa em papel Cartão Supremo 250 g
e miolo em papel Pólen Bold 90 g.
Impresso na Print Mais Gráfica e Editora.